墨人著

本全集保留作者手批手稿

墨人博士作品全集【全60冊】

第二十七冊　浴火鳳凰2

文史哲出版社印行

浴火鳳凰 下冊 目次

第三十三章 死死生生逃一劫 邪邪正正路三條……二七五
第三十四章 霧中相撞如夢幻 窰洞生涯尙悸心……二八二
第三十五章 新棉被暖在心裡 龍門陣海闊天空……三〇一
第三十六章 上當學乖更自愛 風流浪蕩一團邪……三一五
第三十七章 整異己不擇手段 施詭計一箭雙鵰……三二七
第三十八章 兩人失蹤無消息 妖精打架床上拋……三三五
第三十九章 一石二鳥雙入罪 借刀殺人暗栽贓……三四二
第 四 十 章 起疑心情人質問 設陷阱魯男自清……三五三
第四十一章 瑜亮難分離高下 情人眼裡出西施……三六三
第四十二章 遠道送行情義重 竹林幽徑羽毛親……三六八
第四十三章 離間中傷賢淑女 走馬換將荐新人……三七三
第四十四章 施詭計真真假假 動真情倒倒顛顛……三八二
第四十五章 深深齒印留真愛 斑斑血淚染全身……三九三

第四十六章　竹林幽徑套腳印　故鄉「同鞋」到老聲……四〇〇
第四十七章　黃鼠狼向雞拜年　莊靜女借花獻佛……四〇七
第四十八章　終身事楚河漢界　不戀愛捷足先登……四一一
第四十九章　趕夜路披星戴月　話田園綠野平疇……四一六
第五十章　有意栽花花不發　無心插柳柳成蔭……四二九
第五十一章　任何主義非宗教　博愛精神不鬥爭……四三四
第五十二章　送君千里終須別　瘦竹一竿空擺搖……四三八
第五十三章　作隨員自升兩級　寫書信心繫佳人……四四八
第五十四章　提筆寫信千行淚　移花接木一片心……四五二
第五十五章　視察晚會看裙帶　長沙會戰新牆河……四五六
第五十六章　可憐汨羅河邊骨　猶是春閨夢裡人……四六〇
第五十七章　前線川軍亂法紀　出言無狀放飛機……四六六
第五十八章　瓷相戒指作紀念　一箱禮物下橋頭……四七四
第五十九章　一堆黃土加玉墜　滿頭烏髮伴君眠……四八四
第六十章　好漢不提當年勇　英雄投効遠征軍……四九二
第六十一章　作品存心分意識　狗嘴何曾吐象牙……四九六
第六十二章　遠征救人苦自己　遍山白骨棄蠻荒……五〇〇

第六十三章　看話劇攀龍附鳳　獨行俠空谷足音……五〇二
第六十四章　劫後南城如鬼域　走運司機是財神……五〇九
第六十五章　戰壕泥漿弟兄苦　連長落難米糠稀……五一五
第六十六章　新軍威名寒敵膽　老友皮靴贈故人……五三九
第六十七章　洋煙酒氣薰人醉　鞭炮聲中勝利來……五四五
第六十八章　遊行隊中紅欲滴　松花江上醉人狂……五四九
第六十九章　白日放歌未縱酒　青山作伴不還鄉……五五六
墨人博士著作書目……五六三
墨人博士創作年表……五七三

第三十五章　新棉被暖在心裡

龍門陣海闊天空

莊靜睡着黃翰文送給她的新棉被，彷彿沉浸在一股暖流裡，心中有說不出來的安慰。去年在漢口第一次見面，她就打從心底喜歡他，那也許就是愛？所以離開漢口前夕，她特別寫了一封信給他，過鄭州時又寫了一封，過洛陽時寫了第三封。她滿以爲許亞琳會替她轉寄，甚至以爲到了延安還可以繼續寫。誰知到了延安，立刻斷絕了和外面的一切關係，講話都要小心翼翼。她很後悔，但已經太遲了。她原以爲進了魯[redacted]藝[redacted]可以學點東西，誰知根本不是那回事，一天到晚唷馬、恩、列、史，不斷地開會，不斷地鬥爭，最後終於鬥爭到自己頭上來了。「同志」掛在嘴上，心裡却互相懷疑猜忌，沒有一點人[redacted]。雖然她對那個冒險放她逃走的[redacted]恨入骨髓，但她總算逃出了虎口重新過着人的生活。而黃翰文對她的一片眞誠更使她感動，他信任她，同情她，一點也不盤根問底。要是[redacted]，他一定會將她看成[redacted]奸細，連一根頭髮都不會輕易放過。現在黃翰文對她這樣好，以自己僅有的一點錢，爲她買來一舖一蓋，使她睡得溫暖舒適，這一年多她就沒有好睡過，在延安那麽冷的冬天她也只蓋一床軍毯一件棉大衣，常常整夜不能入睡，第二天又要上課。

開會，十幾小時沒有休息。吃的小米饅頭又少又壞，把身體拖垮了。最近一兩個月來夜裡還有一點咳嗽，胸口老是覺得不舒服，不知道是什麼緣故？昨夜前夜寒氣甚重，睡到半夜就冷醒過來，今天早晨起來她還爲夜晚睡覺的事着急，想不到在街上碰到黃翰文，這也許是天意？

她想來想去，十分興奮欣慰，新棉絮又柔軟溫暖，輾轉了一會，便沉沉入睡了。

第二天上午十點多，她纔悠悠醒來，這時大霧已散，太陽的金馬車已經停在窗口了。

她怕有警報，連忙起床，剛洗漱完畢，黃翰文就打電話來，要她到郊外去躲警報，他在兩路口等她。在重慶這段時間，只要是晴天，在城裡辦公的人都躲到郊外去，下午三四點鐘以後再回到城裡來。

她迅速地趕到兩路口，黃翰文果然在那裡等她。

他們沒有搭車，一是人太多，一時擠不上；二是木炭車，走得並不快，還不時中途拋錨，所以他們也像大多數的人一樣，安步當車。

黃翰文替她買了一根藤手杖，給她拄着走，他自己走路訓練有素，用不着手杖，雖然也有很多軍官用手杖，但那和佩劍馬靴差不多，等於裝飾品。

向郊外疏散的人很多，彷彿像趕場，一路上大家說說笑笑，頗不寂寞。只是馬路不好走，灰塵很重，汽車駛過，塵土就揚起幾丈高，女人都用一幅大手帕蒙着頭髮，莊靜的頭髮長，也用一塊天藍色的手帕蒙着。

有很多人向化龍橋沙坪壩那方面走。黃翰文怕莊靜吃力，不想走得那麼遠，和一部份人在山邊一片竹林裡停留下來。這裡有幾戶人家，竹籬茅舍，風光很好，住的都是下江人，他們向一位姓林的人家要了兩杯開水喝，找了一個隱蔽的地方坐下來休息。

莊靜解開頭上的手帕，在竹竿上揮了幾下，手帕上的黃土統統散落下來，然後用手帕將長髮攔中紮好，變成一個馬尾巴。

「昨天晚上睡得怎樣？」黃翰文問。

「睡得很好，」她向黃翰文一笑：「這一年來只有昨夜睡了一個好覺。」

黃翰文也覺得她今天的臉色好些，可能是睡眠充足的關係。

她今天顯得非常高興，儘和黃翰文談些輕鬆事情，不時向他作一個淺笑，她的笑容美而優雅，不是那種勾魂攝魄的媚笑。

「昨天我幾乎被你攆倒，忘記問你要那首詩。現在你可不可以給我看看？」

「妳要桑得堡的還是我的？」

「當然是你的。」

「寫得不好，還沒有完稿。」

「先讓我看看不好？」

「我沒有帶在身邊。」

「你一定記得？」

黃翰文隨即掏出鋼筆，在上衣口袋裡攙出一張從拍紙簿上撕下來的白報紙，寫在上面。

他一面寫，她一面歪着頭看，他一寫完她便把紙接過來，仔細看了一遍，然後向他一笑：

「你以海形容霧，把人比作魚，像昨天那種情形，眞很恰當，也很新穎，我還沒有看見別人寫過這種詩。」

「桑得堡的那首詩就寫得特別好。」

「你記得嗎？寫給我看看好不好？」

黃翰文從莊靜手上接過那張紙，寫在反面。

她看後連連點頭：

「桑得堡把霧的重量和形象都表現出來了。不過，她寫的霧不是昨天的那種大霧，你的這首詩形容昨天的霧也很出色，我在街上走也覺得自己成了一條海裡的魚。」

黃翰文聽她這樣說心裡很高興，更把她當作一個知音，因此笑着對她說：

「妳對詩很內行，自己爲什麼不寫？」

「也許以後我會跟着你學。」她向他甜蜜地一笑。

「我相信妳寫得比我好。」

「不是那麽簡單，」她笑着搖搖頭：「看起來容易，寫起來可難。」

他們兩人正在閑談，不料廖聲濤和許亞琳雙雙地從竹林深處鑽了出來。他們是不期而遇，所以彼此都有點驚訝，廖聲濤馬上打個哈哈說：

「嘿嘿！你們也在這裡？蜜司莊，我們有一年多不見了。」

莊靜笑着點點頭。

許亞琳和黃翰文打過招呼，又裝出十分親暱的樣子對莊靜說：

「莊靜，我眞沒有想到妳會出來，這兩天好嗎？」

「謝謝你，很好。」莊靜淡淡地回答。

「妳的工作我已經跟書店講好了，他們歡迎妳隨時去。」許亞琳笑容可掬地對她說。

「謝謝妳，那種工作對我並不合適。」莊靜眼睛望着別處。

許亞琳聰明得很，她知道再談下去會自討沒趣，於是，改變口氣冠冕堂皇地說：

「好吧，我尊重妳的志趣，以後有別的合適工作，我再替妳留意，我總不能看着妳失業是不是？」

莊靜裝作沒有聽見，懶得理會她。許亞琳在莊靜這裡碰了一個橡皮釘子，轉而和黃翰文搭訕：

「密斯特黃，一年多不見，你變得更英俊瀟洒了。」

「過獎了，我那有他英俊瀟洒？」黃翰文指指廖聲濤。

廖聲濤得意地一笑，故意把短統馬靴後跟一碰，吭一聲，神氣活現。

許亞琳望了廖聲濤一眼，隨後又笑問黃翰文：

「剛纔你們兩位談些什麽？那麽親熱？」

莊靜的臉微微一紅，黃翰文馬上解釋：

「沒有談別的，只是談兩首詩。」

許亞琳眼快，馬上注意到黃翰文手裡的白紙，連忙要過來看。

「這兩首詩是誰寫的？」

「一首是桑得堡寫的，一首是我胡謅的。」黃翰文說。

「那首是你寫的？」許亞琳望望那兩首詩又望望黃翰文。

「那首長的。」

「我替你拿去發表好不好？」

「拿到什麽地方發表？」

「新華報，很多名詩人的詩都在本報發表。」

接着她又舉出了好多位響噹噹的詩人的名字，黃翰文也知道那些頂兒尖兒的詩人，他經常在報章雜誌上看見他們的作品。可是莊靜的教訓太深，他怕上當，因此淡淡地說：

「它還不够成熟，現在我不想發表。」

「你太謙虛，依我看，很多人的詩都比不上你，他們還不是經常發表？白紙印上黑字，誰又敢不承認他們是詩人？」

黃翰文沒有作聲。許亞琳又說：

「要想成爲一個詩人，作家，並不完全靠作品。」

「不靠作品靠什麼？」黃翰文奇怪地問。

「告訴你，靠地盤，靠人事關係。」許亞琳賣弄地說。

「那就能成爲詩人和作家了？」

「可不是？」許亞琳神祕地一笑。

「那我一輩子也不能成爲詩人作家的。」黃翰文望望莊靜，毫不在意的回答。

「我不是指給你一條路嗎？你怎麼不走？」許亞琳說。

「謝謝妳，我不希望抄近路。」

許亞琳非常識趣，馬上轉變話題，談些輕鬆有趣的事情。廖聲濤又滑稽突梯，兩人一拉一唱，弄得黃翰文和莊靜都笑了起來。

黃翰文想早點擺脫許亞琳，忽然問莊靜：

「妳餓不餓？要不要去吃點東西？」

「你怎麼厚此薄彼？只請莊靜不請我？」許亞琳調侃他。

「對不起，因爲她沒有吃早點，我身上又不大方便。」黃翰文率直地回答。

「快十二點啦，那我請你們好了。」許亞琳看看錶，豪爽地說。

「謝謝妳，我不餓。」莊靜不想和許亞琳在一起，更不願吃她的東西。

「人是鐵，飯是鋼，妳早晨空着肚子到現在，怎麼還不餓？」許亞琳的話裡隱隱有刺。

「我在延安習慣了，鐵早煉成了鋼。」莊靜回答。

廖聲濤連忙張開雙手，把莊靜和黃翰文一抄：

「走，不管餓不餓，我們都去吃她一頓。」

隨後他又回頭向許亞琳擠擠眼睛。

莊靜礙於廖聲濤的面子，不好拒絕。

他們走進一個路邊的小飯棚，這個小飯棚隱蔽在竹林裡面，上面被一簇簇的竹葉覆蓋着，裡面擺了幾張竹桌竹椅，這是一種新的生意，專爲逃警報和過路的人開的。

許亞琳非常大方，她叫了幾樣滷菜。這裡最好的菜也不過是滷蛋、滷肉，滷豬肝，此外就是青菜豆腐湯了。至於鮮魚他們這種小棚是不賣的，只有大館子纔有。

吃飯時許亞琳儘找機會和黃翰文談話，也不時向莊靜獻獻殷勤，儘管黃翰文和莊靜的反應冷淡，她也不以為忤。

飯後，她會好服先走，她說要去沙坪壩採訪新聞，廖聲濤不好意思挽留，黃翰文和莊靜不想挽留，她逕自搭着木炭車走了。

這天沒有放警報，到下午三四點鐘躲警報的人都回去了，黃翰文他們自然也跟着人潮回去。

黃翰文把莊靜送到青年會，纔回到辦公室。

黃翰文一回來，廖聲濤就對他說：

「莊靜瘦了很多。」

「她是真的人比黃花瘦。」黃翰文說。

「不過還是個美人胎子。」廖聲濤向黃翰文擠擠眼睛。

「他瘦了更顯得清麗脫俗，不像許亞琳那個尤物。」

「你還怪我跟她鬼混？我看你要是真和她接近，那纔是泥巴菩薩見了水，一塌糊塗。」廖聲濤調侃黃翰文。

「我泥巴菩薩不下水，她又有什麼辦法？」

「我可不在乎，湯裡火裡我都去。」

「色字頭上一把刀，你還是小心一點好。」

「難道她還能把我弄到延安去？」

「誰知道她葫蘆裡賣的什麼藥？」

「我不相信她能賣掉我？」

黃翰文發現許挹清在埋頭辦公，便不再和廖聲濤胡扯，轉而和許挹清談話。

廖聲濤把身子往椅背上一靠，兩隻臭脚往桌子上一翹，悠哉游哉地抽起煙來。

躲警報的人陸續回來，辦公室又嘈雜熱鬧了。有的打開抽屜，有的打開皮包，把待辦的公文趕忙處理一下，有些人坐在位子上抽煙，聊天，看報，但沒有人把脚翹在桌上。

曹科長拄着拐杖，提着大皮包，從外面回來，一眼看見廖聲濤那雙髒脚翹在桌上，揚起手杖指着他罵：

「廖聲濤！你還成什麼體統？這是辦公室，不是茶館！」

廖聲濤連忙把脚拿下來，站着不作聲。曹科長一走進房去，他就作了一個鬼臉，把煙頭摔在地上，用脚一踏。隨後找了一份報紙，翹起二郎腿，消磨時間。

下午一兩個鐘頭很快地過去了，吃過晚飯他又拖着黃翰文和許挹清去坐茶館，擺龍門陣。

重慶的夜市比白天熱鬧得多，白天冷冷清清，店舖只開半邊門，晚上卻燈火輝煌，人來人往，茶館的生意也特別興旺。

他們三人一走進茶館，就發現胡以羣坐在人堆裡，廖聲濤笑着說：

「嘿！眞巧！羅漢都到了，只缺少觀音！」

隨後他又輕輕地對黃翰文說：

「翰文，你去把莊靜請來好不好？」

「她身體不好，還是讓她休息休息。」黃翰文說。

「我看她一個人住在青年會也無聊，他們兩位還沒有見過她呢！」廖聲濤指指許挹清和胡以羣說。

黃翰文看看這家茶館並不低級，許挹清和胡以羣兩人也想見她，只好點點頭，向大家暫時告辭。

黃翰文跑到青年會時，莊靜正和衣躺在床上看書，她看黃翰文來了連忙站起來歡迎，一臉笑意。

「吃過飯沒有？」黃翰文問她。

「剛吃過。」她笑着點點頭。

「妳在看書？」

「消遣消遣，」她嫣然一笑：「有什麽事嗎？」

「我剛纔和幾位同學一道喝茶，他們都希望妳去。」

「你看我去坐茶館合不合適？」她微微歪着頭問。

「沒有關係，那家茶館並不低級。」

「也好，我想再低級也低不過[redacted]窰洞。」

黃翰文問她延安窰洞怎樣低級？她笑而不答，把黃翰文的手一拉：

「走，我們去。」

她和黃翰文一道出來，隨手把門帶上，鎖好。

「要不要坐黃包車？」走到大街黃翰文問她。

「不必，」她笑着搖搖頭：「我們一道在路燈底下走走，不是很有詩意？」

黃翰文點點頭，她把手插進他的臂彎。

晚風帶着幾分寒意，吹拂着莊靜的長髮，使它輕輕飄起，她不時用手向後拂拭。

山坡上的樹葉已經發黃，一陣風吹過，紛紛墮落，一片落葉飄到馬路旁邊，滾到他們的面前，打了幾個轉又滾到路邊的陰溝去了。

莊靜望着那片落葉，臉上有點黯然。

「妳冷不冷？」黃翰文看她衣服單薄，輕輕地問。

「不。」她笑着搖搖頭。其實她的嘴唇發烏，身體有點顫抖。

「我們快點走？」黃翰文帶着她穿過馬路。

來到茶館，許挹清首先站起來歡迎，黃翰文替他們介紹。

「蜜斯莊，要不要我報個花名？」廖聲濤嬉皮笑臉地說。

「你又胡扯？」黃翰文笑着罵他。

胡以搴仔細地望了莊靜一眼，黃翰文又替他們介紹。

夥計連忙提着冲壺替他們冲了兩蓋盌滾茶。他們兩人隨即並肩坐下。莊靜的身子坐得端端正正，不像一般男人一坐下就往後面一躺。

泡茶館本來是消磨時間，龍門陣一擺，天南地北，無所不談。他們從重慶的霧談到大轟炸，從賣花生的小姑娘談到花旦白牡丹，說說笑笑，廖聲濤更口沒遮攔，還不時和鄰座的客人講兩句葷話，莊靜只好裝作沒有聽見。

許挹清叫莊靜吃花生，莊靜伸手拿了一顆，黃翰文替她抓了一把，放在她身上。

廖聲濤看黃翰文抓花生給莊靜，故意瞟了黃翰文一眼。

「蜜斯莊，『那邊』有沒有像我們這樣的活潑？」廖聲濤忽然笑問莊靜。

「那邊滿口革命，滿口人民，那有你們這種閒情逸緻？」莊靜說。

胡以羣用眼角瞟了莊靜一眼。

「那活得有什麼意思？」廖聲濤望着她。

「所以我纔逃到重慶來。」

「今天妳總算跟我們輕鬆了一下？」黃翰文說。

「我眞像回到了童年時代。」她向黃翰文深情地一笑。

「那我們以後常常擺擺龍門陣好了。」廖聲濤說。

「我反正沒有事，你們那有許多空閒？」莊靜問。

「晚上我們有的是時間，睡早了也是在床上滾釘板。」

「你們不開討論會？」

「下班了還討論啥子？晚上大家都上茶館擺龍門陣，多安得逸？」廖聲濤兩手一攤，打着四川腔說，

「我覺得在這裡活着還有點意義。」莊靜說。

「就是躭心日本鬼子的飛機，不然我眞不知道今天是初一還是十五？」廖聲濤望着大家傻笑。

他們聊着聊着，時間已經不早了，胡以攀首先告辭，大家盡興而散。廖聲濤許抱清一道回宿舍，黃翰文送莊靜去青年會。

「泡茶館，擺龍門陣，我們胡扯一通，妳不要介意。」黃翰文笑着對莊靜說。

「這樣纔有意思。誰也用不着戴假面具，在肚皮裡打官司，挖別人的牆腳。」莊靜愉快的說。

第三十六章　上當學乖更自愛　風流浪蕩一團邪

黃翰文接到劉漢民他們的來信，幾個人的信都套在一個信封裡面，只有洪通沒有寫，他在劉漢民的信後面歪歪倒倒地簽了個名。

謝志高將三峽的驚險描寫了幾筆：

「我們坐在輪船上看見很多民船在驚濤駭浪中，左灣左拐，屁股朝天，直沖而下，眞是間不容髮。猴子在峭壁千仞的懸崖上，攀藤附葛，跳來跳去，吱吱地叫，而頭尖尾翘的木船却已穿過三峽了。」

黃翰君的信寫得很簡單，他是一個不大喜歡舞文弄墨的人，他只囑咐黃翰文好好地保重病後的身體，努力上進。另外說了一點自己的近況，自然也問候了許掄濤和廖聲濤他們。

劉漢民的信寫的都是重要的事實。他說：

「我們到長沙之前，剛好碰上第一次大會戰，看不到報紙，只聽見砲聲，幾乎走進了日本人的包圍圈，如果他們不退，我們也許一仗未打就犧牲了。此次會戰，敵人雖然失敗，我們也有相當重的損失，下級幹部死傷很多，我們都直接補上了排長缺，用不着當見習官了，而且我們都分發在一個師裡。」

劉漢民還另外寫了一張字條給廖聲濤，叮囑他不可吊兒郎當，應該好好幹。

廖聲濤看了眉頭一皺，笑着對黃翰文說：

「大飯桶陰魂不散，人在長沙還不放過我？去他的，現在我纔不聽他那一套。」

「其實，他是爲了你好，你回不回信？」黃翰文問。

「你叫我怎樣回法？難道我還能告訴他我不愛上了許亞琳？」

「來而不往非禮也，你不回信怎麽行？」

「這樣吧！」廖聲濤突然靈機一動：「你寫，我在後面簽個名，他就不會怪我了。」

「你倒很會偷懶？」

「不是偷懶，我實在不想和大飯桶打交道。」

「那我就把你和許亞琳狗屁倒灶的情形告訴他。」

「這可使不得！」廖聲濤雙手直搖：「他會罵得我狗血噴頭！」

「那你乾脆和許亞琳一刀兩斷好了。」

「一刀兩斷，怎麼能貓兒打架？」

「你不打算和她結婚？」許挹清搖嘴。

「結什麼婚？」廖聲濤嗤的一笑：「結婚還不是那麼回事？」

黃翰文乘廖聲濤和許挹清談話時寫完了信，他叫許挹清簽名，許挹清沒有看信就簽了名。廖聲濤仔細看了一遍纔簽，他怕黃翰文透露他和許亞琳的事情。

「你和莊靜的事倒是可以告訴他的。」廖聲濤說。

八字還沒有撇

「現在還早得很。」黃翰文說。

「我是聾子不怕雷，我要是你，馬上結婚。」

「我根本沒有向她提過這個問題。」

「鼓不打不響，鐘不撞不鳴。只要你一提，她一定會答應。」

廖聲濤邊說邊從上衣口袋裡掏出小圓鏡，梳理剛剛弄好的西裝頭，又在床底下撿出一隻舊襪子擦短統馬靴，一穿上脚故意後跟一蹬，吭嚓一聲，揚長而去。

廖聲濤走後，黃翰文纔想起那封信沒有讓廖聲濤帶出去寄發，他連忙趕出去，却不見廖聲濤的踪影，只好自己送去投郵。

發過信，他覺得有點空虛，回宿舍沒有什麼事，睡覺又太早，他想去看看莊靜，便信步向青年會走去。

莊靜坐在燈前看書，聽見脚步聲探頭向外一望，「發現是黃翰文連忙跑到門口歡迎。

「今天妳好像很高興？」黃翰文望着她說。

「嗯，」她笑着點點頭：「我告訴你一個好消息。」

「什麼好消息？」

「張總幹事替我找到了工作。」

「什麼事？」

「小學教員。」

「那很好，那天到差？」

「後天。」

「那你可以安心了。」

「早點找好事，也免得你操心。」她柔情如水地說。

黃翰文心裡的確像放下了一塊石頭，十分高興地對她說：

「走，我們出去吃點東西，慶祝一下。」

「好，我同你去，但是不要太破費。」

他隨手關好房門，兩人一道走出青年會。

因為時間還早，他們便沿着空曠的人行道慢慢散步，莊靜挽着翰文的臂膀，喁喁私語。

他們一道走進一家下江館子，樓上有一對青年情侶，剛好吃完，看見他們上來雙雙地走了。

黃翰文叫了一大盆炒麵，幾樣滷菜。

「剛纔我忘記告訴你。」她一面吃麵一面說：「前天晚上許亞琳又來找我。」

「什麼事？」

「她要我到新華報去當校對，她說報社看她的面子，歡迎我去。」

「妳回絕了她？」

「上一次當，學一次乖，我再也不信她的鬼話！」

莊靜今天的心情特別好，她還講了一些延安的笑話。

黃翰文聽了有點奇怪，說像是天方夜譚。

「你提到天方夜譚，使我想起神燈和魔毯。馬克思就是他們的神燈，列寧就是他們的魔毯，他們利用這種神燈和魔毯，做出意想不到的事。」

「眞有那麽大的魔力？」

「他們能使男人狗咬狗，使女人不知羞恥。」

「這對他們有什麽好處？」

「這就是他們的緊箍兒，那怕你是孫悟空。一個跟斗十萬八千里，也翻不過他們的手掌心。」

「你不是逃出來了？」

「因爲我知道羞恥。」

「我們不要再談延安，去看場電影好不好？」黃翰文好久沒有看電影，想陪她去看一場。

「今天時間不早，說不定明天早晨又要跑警報，你陪我回去好不好？」

明天是怎樣的天氣？誰也無法預料，只要沒有霧，準有警報，他看看她的臉色仍然蒼白，立刻付帳下樓，送她回青年會。

在行人稀少的人行道上，她又挽着他漫步，並不急於趕回青年會，她的心情很好，和黃翰文娓娓而談，談些生活細節，和讀書心得，她來重慶後看了不少書，她看得快，記性又好，見解凡，使黃翰文極爲嘆服。

離青年會只有三、四十公尺遠，她不要黃翰文再送，笑着對他說：

「現在你可以回去了，我不怕。」

「妳怕什麼？在這戰時首都，除了日本飛機之外，還有什麼可怕的？」

「我怕許亞琳他們暗算。」她輕輕地說。

「笑話，難道他們吃了豹子膽？」

「你不瞭解他們，他們每一個人都有一肚子的鬼胎。」

黃翰文率性把她送到青年會纔回來，他回來時許挹清正睡在床上看書。

黃翰文把衣服脫下，把被子打開，他看看廖聲濤的床舖是空的，擦鞋的破襪子還丟在地上，因此問許挹清：

「聲濤還沒有回來？」

許挹清搖搖頭。

「晚上不早點睡，說不定明天清早又要跑警報？」

「不知道他和什麼人擺龍門陣去了？」

「我看八成兒是和許亞琳狗屁倒灶去了。」

他們兩人談到十一點多鐘，廖聲濤還沒有回來，兩人都覺得有點奇怪。

第二天清早，黃翰文首先醒來，發現廖聲濤的床舖還是空的。

他朝窗外一望，一片藍天，他連忙把許挹清叫醒：

「挹清，今天沒有霧，快點起來。」

許挹清聽說沒有霧，立刻一躍而起。

兩人匆匆地洗過臉，吃過稀飯，便帶着重要公文到指定的地點去躲警報。眞是準得很，他們剛剛走到嘉陵江邊的防空洞口，警報器就嗚嗚地叫起來。放過空襲警報，廖聲濤纔匆匆趕來，風紀扣都沒有扣好。

「昨天晚上你到那裡去了？」黃翰文問他。

他一屁股坐在榕樹根上，向黃翰文擠擠眼睛，沒有回答。

「是不是和許亞琳一道？」許挹清笑着問他。

「貓兒打架，算什麼新聞？你何必明知故問？」他神氣活現的回答。

許挹清不再問他，黃翰文也不作聲，很快地他便靠着大榕樹呼呼地睡着了。

緊急警報一響，黃翰文隨手一拉，把他拉進防空洞。

廖聲濤糊裡糊塗地被黃翰文拖進防空洞，靠在黃翰文身邊席地而坐，沒有多久，又呼呼地入睡了。

他把整個上身都壓在黃翰文的身上，黃翰文心裡雖然罵他荒唐，還是讓他舒舒服服地靠着，最後他上半身完全躺在黃翰文的兩條大腿上了。

兩個多小時，纔解除警報，別人都趕快往洞外跑。許挹清把廖聲濤拖了起來，廖聲濤還在暈頭轉向。黃翰文兩腿發麻，站不起來。許挹清拉了他一把，他靠着石壁彎着腰揉搓了好一會，血脈纔慢慢流通，一晃一晃地走出洞來。

廖聲濤走出防空洞，伸伸懶腰，兩臂一張，打了一個大大的呵欠。眼睛周圍有一道黑圈。

黃翰文看了又好氣又好笑，禁不住嘲笑他：

「何必作孝子賢孫，那樣賣命？」

「現在我不對牛彈琴，到了那種節骨眼兒，你也會鞠躬盡瘁，何況是許亞琳那樣的女人？」

「難道許亞琳是狐狸精？」

「告訴你，」廖聲濤附着黃翰文的耳朵說：「現在她的道行更深，比以前更迷人。」

「她爲什麼不迷別人？」

「潘金蓮也要遇着西門大官人，也許我們特別有緣份！」廖聲濤嘿嘿地笑了起來。

「瞎子碰見鬼，女人總同你特別有緣份！」

許挹清噘的一笑，廖聲濤自己也笑了起來，十分神祕地說：

「[redacted]」男人不壞，女人不愛。

「你歪嘴吹喇叭，一團邪氣！」

「許亞琳就喜歡我三分邪氣，七分野蠻！」

「那眞是狐狸精！」

「你以爲所有的女人都像莊靜？」廖聲濤搗着嘴輕輕地說：「告訴你，十個女人九個肯，就怕男人嘴不穩。」

「不要一粒老鼠屎，攪壞一鍋羹！只有許亞琳纔是一杯水的[redacted]女人。」

「你對許亞琳有成見，你根本不瞭解女人，那有貓兒不叫春？」

「女人當中甚么也有林黛玉和紫娘！」黃翰文反問。

「那不過是小說中人物，你也相信？」廖聲濤說。

「莊靜，你也認識，她就不像許亞琳！」

「我可不是賈寶玉，我就是西門大官人！」廖聲濤嬉皮笑臉說。

黃翰文拔脚就走，因爲躲警報的人快走光了。

許挹清看黃翰文先走也跟着他走，廖聲濤也大搖大擺一步一晃地走了。

第二天新華報發表了一條新聞，對黃翰文他們那個單位很不利，他們的主管很氣，但又不知道是誰走漏了消息？

「是不是你闖了禍？」黃翰文悄悄地問廖聲濤。

「我闖了什麼禍？」

「你沒有看新華報？」

「看過了。」

「那你還裝什麼蒜？」

「你以爲那條消息是我透露的？」

「我猜多半是你前天被她搞昏了頭，說溜了嘴。」

「不會，不會，」廖聲濤連忙搖頭：「我怎麼會那樣糊塗？」

「但願你沒有色迷心竅！」

「你可不能[redacted]面[redacted]透露我和許亞琳的關係？」

「這你放心。」

廖聲濤離開黃翰文，悄悄地走了。

沒有多久，他找到了許亞琳。

許亞琳看見他雙手一張，跑上前來，在他臉上吻了一下，又故意把嘴巴一噘：

「你眞是一隻貪嘴的貓，怎麼又來了。」

他在她臉上擰了一下，然後用力一吻，吻得她透不過氣來，半天纔把他推開，打了他一下，

嬌嗔地說：

「怎麼搞的？也不管別人死活？」

廖聲濤得意地笑了起來，把她往椅子上一按，自已也在她身邊坐下，奇峯突起地問：

「妳怎麼把那條消息發表了？」

「什麼消息？」她故意睜大眼睛問他。

「瞎子吃湯圓，心裡有數。」他擰擰她的鼻子：「昨天我不過是隨便談談，根本沒有那回事。」

她用食指在他腦殼上一戳：

「你眞是疑心生暗鬼？以爲是我發的消息？」

「不是妳還有誰？」

「我們報社有十幾個外勤記者，你以爲他們都是吃飯的？」

「我想他們沒有妳這麼精？」

「別灌迷湯！」她故意把身子移開。

他把她拉了過來，用力一抱，她哎喲一聲尖叫，他用手蒙住她的嘴，她好半天才喘過氣來，他用力一吻，她掙扎着跳開。

他仰着頭哈哈傻笑，她衝上去摑了他一個耳光，下手似乎很重，落在他的臉上却很輕，他捉住她的手用力一捏，她啊唷一聲倒在他的懷裡，像隻小貓似地馴服下來。

「你犯了疑心病，以後別到我這裡來！」她撒嬌地說。

「你不想吃唐僧肉？」他笑着問她。

「人家對你眞心眞意，你倒疑神疑鬼？」她白了他一眼。

「但願妳不要挖我的牆脚。」

她站了起來，瞪他一眼。

他哈哈一笑，跑了出來，跑到門口忽然停住，回過頭來對她說：

「抱歉，今天不能和妳貓兒打架，改天再來。」

她似笑非笑，似怒非怒地朝着他的背影啐了一口。

第三十七章　整異己不擇手段　施詭計一箭雙鵰

許亞琳和莊靜終於爭吵起來，許亞琳對莊靜說：

「妳不要不識抬舉，我三番兩次遷就妳，妳還不識相？報館妳爲什麽不去？」

「希望妳不要再問這個問題。」莊靜回答。

「我要瞭解瞭解！」

「好鼓不必重捶，妳早就應該明白。」

「我明白妳小資產階級的意識在作怪，經不起革命的考驗。動搖！退却！可恥！可悲！」

「你別再向我說教。妳欺騙了我一次，還想再欺騙第二次？」

「欺騙？」許亞琳冷笑一聲：

「我是同情妳，[redacted]，纔要妳到報館去。」

「謝謝妳的美意。」莊靜鄙夷地說。

「如果妳眞的不識抬舉，妳要面對革命紀律！」

「這是重慶，不是延安！」

「妳以爲妳逃到白區來，[redacted]就不能制裁妳？告訴妳，妳縱然是孫悟空，也翻不出[redacted]的手掌心！」

莊靜忽然全身一陣痙攣，幾乎站立不穩。許亞琳望着她冷笑，她好半天纔鎮定下來。

「不管你們怎樣對付我，我再也不會被你們牽着鼻子走。」

「哼！看不出妳的膽量倒還不小？妳想知道那個放妳逃走的方城的下落嗎？」

「我恨不得吃他的肉，剝他的皮！」莊靜咬着牙說。

許亞琳陰陽怪氣地笑了起來，慢條斯理地說：

「這倒用不着勞妳的駕，組織早就把他處置了！」

「活該！他應該死一百次！應該打進十八層地獄！」莊靜大聲咀咒。

「妳爲什麽這樣恨他？莊同志」許亞琳故意奚落她。

「誰是妳的同志？」莊靜嘴角一撇：「我不但恨他，而且恨妳！」

「我又不是男人，妳爲什麽恨我？」許亞琳笑了起來。

「你[redacted]不是人，沒有一點廉耻！」莊靜氣得全身顫抖。

許亞琳不但沒有生氣，反而輕鬆地說：

「眞不愧是地主的女兒，標準的小資產階級！」

「無論什麽階級，都比共產黨好！」

掛羊頭賣狗肉的好！

「妳這個敗類，竟敢侮辱黨？」許亞琳伸手摑了莊靜一個耳光。

莊靜沒有還手，直挺挺地站在那裡，怒目而視。

「我再警告妳，妳如果洩漏一點祕密，我要妳死無葬身之地！」許亞琳指着莊靜的鼻尖說，然後身子一旋，篤篤地走開。

莊靜木立了一會，突然雙手蒙臉，啊的一聲伏在床上哭了起來。

許亞琳去後不久，黃翰文來了，他看見莊靜伏在床上哭泣，連忙趕過去攀着她的肩膀問：

「什麼事這樣傷心？」

莊靜一看見黃翰文，又倒在他的懷裡痛哭起來。

「告訴我，究竟是怎麼一回事？」

過了好半天，莊靜纔停止哭泣，把剛纔的情形說了出來。

「眞有這回事？」黃翰文驚奇地望着她。

「[redacted]我不騙你，我不騙你。」她搖了黃翰文幾下，又哭泣起來。

「如果許亞琳眞要整妳，我[redacted]對她不客氣！」黃翰文的臉色一沉。

莊靜聽他這樣說，馬上抬起頭來，含着淚說：

「你是一個人，他們有組織，你鬥不過她。」

「一個人我也不怕他們！」黃翰文賭氣地說。

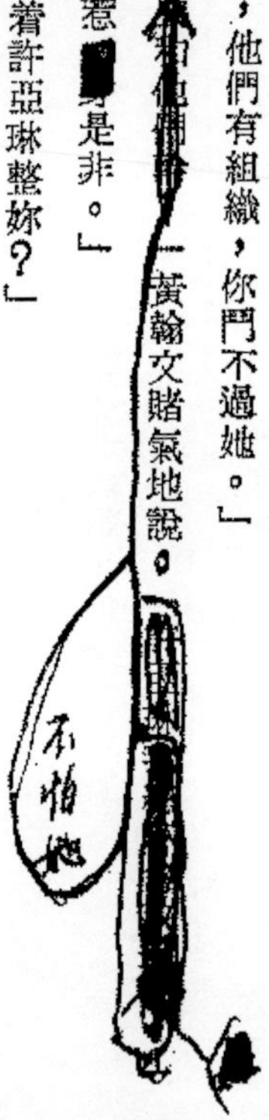

「我不希望你惹[redacted]是非。」

「我總不能看着許亞琳整妳？」

「[redacted]，她整我你也看不見。」

「我先警告她。」

「不要得罪她。」

「她敢對我怎樣？」

莊靜怔怔地望着他，望了半天，突然一笑，把頭埋在他的胸前，緊緊地摟着他。

過了一會，她慢慢抬起頭來，兩隻大眼睛深深地望着黃翰文，裡面有一種奇異的光彩，一種黃翰文從未見過的光彩，他的心突然一顫，兩人情不自禁地吻[redacted]來。

她的眼淚沿着面頰慢慢流下來，她又把頭埋在黃翰文的胸前，默默地流淚，心裡却有無比的安慰。

他告辭時，她不肯鬆手，顫着聲音說：

「[redacted]我怕，不要離開我，不要離開我。」

「放心，我會照顧妳，但是我不便留在這裡。」

她點點頭，嘆了一口氣慢慢地把手鬆開。

黃翰文走時她又哭了，他安慰她說：

「勇敢點，不要怕，[redacted]」

黃翰文回來後，把廖聲濤叫在一邊，告訴他許亞琳去莊靜那邊的經過，又鄭重地對廖聲濤說：

「你替我警告許亞琳，如果她[redacted]整莊靜，我會打穿她的腦袋！」

「翰文，我們何必插這一手？」廖聲濤想置身事外。

「即使你想逃避，我也不會抽身！」黃翰文堅決地說。

「我不是逃避，」廖聲濤連忙解釋：「我是說我們惹身尿騷屎臭太不值得。」

「莊靜好不容易[redacted]逃出來，我不能看着她被迫害。」

「你不要太認眞，許亞琳未必眞會整莊靜？」

「你不瞭解許亞琳是怎樣一種人。」

廖聲濤哈哈一笑，非常自負地說：

「她就是一隻野狐狸，我也會整得她像一隻母貓。」

「你別在我面前誇海口！小心被她賣掉！」

廖聲濤無奈，只好答應轉告許亞琳。

第二天廖聲濤到許琳亞那邊去時，一味和許亞琳胡纏，又弄得昏頭昏腦，直到很晚纔回來，把黃翰文的話早已忘了。以後他也一直沒有提過。

可是許亞琳對莊靜却沒有放鬆，她自己雖然不再找她，却暗中派人監視她。她對莊靜留在重慶很不放心，尤其是她和黃翰文過份接近，生怕有一天黃翰文把她的遭遇寫出來發表，那對他們是很不利的。留着莊靜無異留着一個禍根，要除掉莊靜又必須同時除掉黃翰文，不然事情會弄得更糟。

一天，許亞琳突然把胡以群找了來，嚴肅地對他說：

「胡同志，現在有一個任務要你執行，希望你能夠辦到。」

胡以群一怔，但很快又鎮靜下來，謙卑地問：

「許同志，是一個怎樣的任務？」

「上級決定整肅莊靜。」

「用得着我嗎？」

「如果是在延安自然用不着你，[redacted]現在是在重慶，就特別需要你了。」

「我一定遵照[redacted]的指示。請問用什麼方法？」

「我們要借刀殺人，一方面除掉[redacted]的叛徒莊靜，同時除掉他們自己人。」

「誰？」

「黃翰文！」

「黃翰文背着很重的封建包袱，他是一個在根本上就反對我們的人，[redacted]不會和我們妥協，除掉也好。」

「這是一石二鳥，要幹得乾淨利落。」

「整肅莊靜倒比較容易，對付黃翰文可就有點傷腦筋？」

「還用不着你動腦筋，我們早就做好了圈套。」

「那我怎樣下手？」

「很簡單，你只要寫封告密信就行！」

「告誰？」

「把莊靜和黃翰文同時告上去。」

「告莊靜是[redacted]奸細，他們一定相信；告黃翰文他們可能考慮？」

「你放心，黃翰文可能接到了聶璋的信，這封信就可以咬死他。你再以同學的身份告密，這樣內外夾攻，還怕整不死小毛蟲黃翰文？何況他同莊靜戀愛又是千眞萬確的事實。」

「萬一被他們識破那又怎麼辦？」

「你放心，」許亞琳淡然一笑：「就是被他們識破，也達到了我們打擊莊靜和黃翰文的目的，使們本來恨我們的心理轉而恨他們自己人。至於你，不管怎樣，他們一定會把你當作忠貞份子的。」

隨後許亞琳從枕頭底下摸出五百塊錢遞給胡以羣，親切地對他說：

「這是上級對你的獎勵，你的埋伏打得很有價値。」

胡以羣讓廖士奇纔把鈔票收下。

「以後你要利用同學的關係，多和廖聲濤許抱清接觸，陪他們坐坐茶館，擺擺龍門陣，上上館子，打打牙祭，花點錢沒有關係，只要他們不懷疑你，從他們口裡總可以套出一點消息。」

「我一定盡力。」胡以羣拍拍胸脯。

許亞琳送走胡以羣，心裡非常輕鬆得意。整掉莊靜她認爲千該萬該。想到黃翰文，她反而有點感觸，她覺得黃翰文是一個可愛的敵人。

她一想到莊靜，彷彿像挨了一記耳光；她覺得自己並不比莊靜差，黃翰文偏偏對莊靜一見鍾情，對自己愛理不理，她突然覺得自己受了很大的侮辱，又像打翻了一罈醋。她咬咬牙，一聲冷笑。

「好吧！讓他們到陰曹地府去談情說愛吧！」

第三十八章　兩人失蹤無消息
妖精打架床上拋

胡以羣的告密信發出去之後的第六天，黃翰文和莊靜同時失蹤。

莊靜的失蹤使青年會的張總幹事非常着急，他介紹她去教書纔十五天，就不辭而別，使他無法向學校交代，雖然多方打聽，也打聽不出她的下落。

黃翰文的失踪更使許挹清、廖聲濤莫名其妙，不知道他跑到什麼地方去了？怎麼會一連兩天不見人影？難道是掉到江裡去了？翻開這兩天的報紙又沒有這類新聞。

第三天，許挹清和廖聲濤去找胡以羣，廖聲濤劈頭就問：

「你有沒有看見翰文？」

「沒有。」胡以羣搖搖頭。

「糟糕，三天不見人影，不知道他跑到什麼地方去了？」

「他又不是三歲兩歲，難道還會走掉？」

「我怕他出了什麼岔子？」許挹清說。

「放心，翰文一是一，二是二，那會出岔子？」胡以羣說。

「不管怎樣，你也幫着打聽打聽。」廖聲濤說。

胡以羣連忙點頭。

於是他們邀他一道到青年會去。

他們三人到青年會一打聽，纔知道莊靜也三天不見了。

「這件事情有點蹊蹺？我看八成是出了岔子！」許挹清緊張起來。

「該不會是私奔吧？」廖聲濤開玩笑地說。

「不會的，他們用不着這樣做。」許挹淸表示不相信。

「該不是關起來了吧？」廖聲濤的腦中突然靈光一閃，好像有些預感。

「你不要疑神疑鬼，要是翰文也會關起來，重慶就沒有這麼大的監獄了。」胡以羣說。

「如果翰文不和莊靜戀愛，我自然不會想到這上面來，現在他們正在熱戀，翰文就是跳進黃河也洗不淸了。」

「還有一點，」許挹淸說：「上個禮拜翰文突然接到聶瓊從延安寄來一封信，這也許是一個原因？」

「奇怪，聶瓊寫信給他爲什麼不寫信給我們？」胡以羣妬嫉地說。

「幸好他沒寫給我們，」廖聲濤輕輕地說：「不然恐怕我們也要背黑鍋。」

「笑話！我們是嫡生嫡養，本來就淸淸白白。」

胡以羣這一說，他們兩人又寬了心。

「我看我們不必替古人擔憂，說不定他們正度蜜月呢？」胡以羣說。

「翰文總是罵我荒唐，他要是眞的這樣，那就比我更荒唐了。」廖聲濤說。

「翰文是詩人，詩人多半是羅曼蒂克的。」胡以群接腔。

「我們多少年的同學，不信今日信平日，他不會這麼荒唐的。」許挹清替黃翰文辯白。

胡以搴心中暗暗高興，也不再說什麼，便趁機邀他們兩人上館子，廖聲濤不等許挹清表示意見，馬上舉手讚成。許挹清只好跟着他們一道走。

胡以搴叫了不少菜，廖聲濤大吃大喝，把黃翰文的事忘到九霄雲外去了。

吃完飯，胡以搴又邀他們看電影，許挹清因爲惦念黃翰文，推說有事，逕自回宿舍，胡以搴便和廖聲濤兩人同去。

「挹清這人有點娘娘腔。」在路上胡以搴突然批評起許挹清來了。

「他和翰文的感情很好，所以念念不忘。」廖聲濤說。

「難道我和翰文的感情不好？你和翰文又差了？我就沒有看見你婆婆媽媽的。」

「我是天塌下來當被臥蓋。」廖聲濤哈哈一笑。

「對！」胡以搴在廖聲濤肩上一拍：「任何事我們都要看得開，只有你是一個樂天派！」

「大飯桶不在，我更是笑口常開。」

「老實說，劉漢民那樣干涉你，我早就看不順眼，」胡以搴故意挑撥[redacted]：「你在我們當中是一個[redacted]的人，你不應該受別人的牽制。」

「除了大飯桶，沒有任何人牽制我。」

「翰文就能影響你。」

「但是他不干涉我。」

「我的看法不同，」胡以羣搖搖頭：「我認爲翰文對你的影響，比漢民對你的干涉力量還大、！」

「話不是這麼說，我只承認我和翰文的感情更好。」

「我也是說翰文能用感情影響你。」

「何以見得？」

「翰文表面上看來很隨和，他的個性實際上比誰都強，也最有主見，別人很不容易影響他，他在不知不覺中倒能影響別人，不但是你？」

「這話很有道理，大飯桶會引起我的反感，翰文從來不會，因爲我實在找不出反對的理由。」

「這就是翰文的厲害！」

「翰文的確是塊料，我倒眞情願他是和莊靜荒唐去了。」

胡以羣不再接腔，借個機會擠上前去買票。廖聲濤大模大樣地站在電影院門口，在小販手上買了一包五香瓜子，目中無人地吃了起來。

這是一部泰山片子，廖聲濤看得很過癮。看完這場電影已經十一點多鐘，走在僻靜的路上，廖聲濤用手捂住嘴巴學泰山叫。胡以靈看了心裡好笑。

胡以靈在半路和廖聲濤分手。廖聲濤忽然靈機一動，不回宿舍，轉到許亞琳那裡去了。

許亞琳剛從外面回來，短大衣脫在床上，身上只穿了一件緊身藍緞夾旗袍，顯得曲線玲瓏。她一看見廖聲濤故意把眼睛一歪：

「這麼晚了，你還好意思來？」

「又不是作紀念週，何必趕早？」

許亞琳噗哧一笑，廖聲濤在她胸前摸了一把，她在他手背上啪的一聲打了一下，他反而笑着往床上一躺，又一個鯉魚挺身站了起來，兩眼盯着她，在她鼻尖上捏了一把。

她罵了他一句，他得意地笑了起來。

她在熱水瓶裡倒了一杯開水給他，和他隨便聊了幾句，又調侃地問：

「你們那位詩人最近怎樣了？」

「妳是不是問翰文？」

「難道還有別人？」

「妳別挖苦他，他可沒有把自己當做詩人。」

「只怪他不識抬舉，如果他讓我替他介紹發表，現在還不是大名鼎鼎的詩人了？」

「妳錯怪了翰文，他並不是一個好虛名的人。」

「默默無聞，東西寫得再好又有什麼鬼用？」許亞琳兩手一攤，滿臉一副不屑的神色。

「他已經三天不見人影，眞的默默無聞。」

「他到什麼地方去了？」

「天知道？」

「你們焦不離孟，孟不離焦，怎麼會不知道？」

「就是這樣奇怪！」他望着她說：「妳知不知道？」

「他簡直把我當作仇人，根本不和我來往，我怎麼知道？你去問莊靜好了。」

「妳別開玩笑，莊靜也不見了！」

「吓？眞有這回事？」許亞琳一臉的驚訝。

「妳以爲我騙妳？」

「你的信用太差，誰教你一向不和我講眞話？」她把嘴巴微微一撇，眼睛一瞟。

「剛纔的話可一點不假。」

「哼！誰知道你葫蘆裡賣的什麼藥？」她望着他似笑非笑。

「妳眞的不知道？」

「我只是一個新聞記者，又不是包打聽？」她掠掠頭髮說。

「好，我不打擾妳了！」他裝作生氣的樣子，轉身就走。

她迅速地閃到門口，攔住他，甜甜地一笑：

「那裡去？」

「回去睡覺！」他懶散地回答。

「我床上有刺？」

「妳又想貓兒打架？」他望望床上的印花被單、紅緞被面，微笑地把她抱起，用力往床上一拋……。

第三十九章　一石二鳥雙入罪
借刀殺人暗栽贓

黃翰文那天晚上從青年會回來，在一個僻靜的巷口，被兩個壯漢用黑布把眼睛一蒙，嘴裡塞了一團棉花，莫名其妙地架到一個從來沒有到過的地方。訊問了兩次，坐了一次老虎櫈，灌了一次辣椒水。就在廖聲濤和許亞琳胡天胡地的這天晚上，他又在地下室被提訊了。

「黃翰文，今天我給你最後一次機會，你應該坦白招認，你和莊靜、蕭璋究竟是什麼關係？」那個坐在他對面的瘦長的中年人問他。

「我已經照實說了。」黃翰文移動了一下身體，腳鐐在水門汀上嘩啦一聲。

「你再說一遍，你和莊靜是什麼時候認識的？」

「去年在漢口認識的。」

「什麼日子？」

「大概是八月下旬，確實的日期我記不清楚。」

「第一次口供你說是九月初，現在又說是八月下旬，你自相矛盾，分明是不說實話！」那中年人看了一下桌上的口供，嚴厲地質問他。

「還是一年以前的事，我說了確實的日期記不清楚。」

「你既然否認你是他們的人，為什麼她到重慶之後，你還和她勾結？」

「我沒有和她勾結。」

「你還想抵賴？」那人冷笑一聲：「莊靜已經承認你和她勾結，你賴得了？」

「冤枉！這眞是冤枉！」黃翰文大聲地說。

那人又翻翻上兩次的口供，慢慢抬起頭來問他：

「你說莊靜冤枉你，聶瑋又爲什麼給你寫信？」

「誰知道他搗什麼鬼？」

「他爲什麼不寫信給廖聲濤，不寫信給許挹清，也不寫信給胡以彝？單單寫信給你？還稱你是『同志』。」

那人拿起聶瑋寫給黃翰文的那封信的照片，在手上揚了一下。

「我實在不知道他爲什麼要寫這封信？我可以發誓我不是他們的人！」

「你如果不是他們的人，爲什麼事先不把信繳上來？」

「我沒有做虧心事，根本沒有想到要把這封信繳上去。」

那人望着他又是一陣冷笑。

他們這樣審來問去，審問了一個通宵，依然問不出一點結果來。

於是主審的人，吩咐兩個壯漢把黃翰文帶走，好好地「伺候」他！

一個月之後，許挹清和廖聲濤纔接到通知，把黃翰文保釋出來。

黃翰文出來的這天，他們兩人陪他去理髮、洗澡，在澡堂裡廖聲濤打趣地說：

「今天這個澡洗掉你一身蝨子，也洗掉你一身霉氣。」

「我眞想不到爲什麼這樣倒楣？也想不到我還會活着出來？」黃翰文感慨地說。他瘦了十幾公斤。

「我們找不到你，眞急得像熱鍋上的螞蟻，不知道你究竟跑到什麽地方去了？前天突然接到通知，要我們具結保你，我出了一身冷汗，這纔知道是怎麽囘事。」廖聲濤說。

「我哥哥和漢民他們知不知道我出了事？」黃翰文問。

「我們不敢告訴他們。」許挹清說。

「以後也不要告訴他們。」黃翰文叮囑他們兩人。

「現在水落石出，告訴他們又有什麽關係？」廖聲濤說。

「這是我生平最大的恥辱，我不想讓他們知道。」

黃翰文把大毛巾往身上一拉，小腿上露出一塊紫色的疤痕。

「你失踪後第三天，我和挹清、以羣三人到靑年會找你，才知道莊靜也失踪了，不知道她是不是和你在一塊？」廖聲濤說。

「我根本沒有見過她。」黃翰文冷冷地囘答。

他們兩人聽黃翰文的口氣，同時一怔，互相望了一眼，廖聲濤自言自語：

「怪！那她到什麽地方去了？」

「何必爲她操心？」黃翰文冷漠地望了廖聲濤一眼。

「當初以彝和我還以為你們兩人私奔了呢？」

「我說了我沒有見過她！」黃翰文氣憤地說：「這樣也好，我與她一刀兩斷！」

「究竟是怎麼回事？」廖聲濤和許挹清睜大眼睛問。

「只怪我當初瞎了眼睛！」黃翰文自怨自艾地說。

「你沒有錯，莊靜是個好女人。」許挹清輕輕地說。

「你還說她好？」黃翰文突然坐起來：「她幾乎斷送了我的性命。」

兩人先是一怔，隨後又一再追問是什麼原因？黃翰文嘆口氣躺了下來，不願說明。

他們在澡堂裡泡了兩三個鐘頭，吃晚飯時纔走。晚飯算是他們兩人替黃翰文壓驚，黃翰文心裡不愉快，吃得很少。

一連幾天，黃翰文都沒有恢復正常。他心裡有一種難言的隱痛，他以為莊靜對不住他，他感到非常痛心和失望。

黃翰文出來一個禮拜之後，莊靜也出來了。

她回到青年會，先去看張總幹事，問她到什麼地方去了？她不敢直說。

「密斯莊，我好不容易替你找到一個工作，妳無緣無故地離職，一走就是一個多月，我實在無法交代。」張總幹事責怪她說。

「我非常抱歉，但我不是故意。」莊靜委婉地解釋。

「怎麼說妳事先也應該對我講一聲纔是？」

「實在抱歉，事先我做夢也沒有想到會出亂子？」莊靜勉强裝出一個笑容。

張總幹事望了她幾眼，覺得她更加憔悴，便不忍心再埋怨她，反而心平氣和地對她說：

「現在我要告訴妳，學校已經另外找了人，妳看怎麼辦？」

「那我只好另想辦法了。」莊靜黯然低頭。

「妳有什麼辦法？」

她搖搖頭，眼圈一紅。

張總幹事輕輕地嘆口氣，又安慰她：

「不要着急，我另外替妳想辦法好了。」

莊靜感動得說不出話來，眼淚輕輕地滑落。

「總幹事，請問我可不可以繼續住在會裡？」

張總幹事打量了她一眼，親切地問她：

「妳有地方住嗎？」

她搖搖頭，搖落了兩顆淚珠。

「既然妳沒有地方住，繼續住在會裡好了。」

莊靜的眼圈一紅，啊了一聲，用污黑的手絹掩着面，低着頭，搖搖晃晃地跑回自己的房間。

這天晚上她跑到黃翰文的宿舍來找他，正巧廖聲濤和許挹清去看「中國萬歲劇團」的「清宮外史」去了，黃翰文一個人坐在房間裡納悶。她一看見他，就碎步跑上前去，情急而親切地叫了一聲：

「翰文——」

黃翰文慢慢地抬起頭來，冷漠地望着她，半天纔說：

「妳來幹什麽？」

她全身一顫，突然止步，像個石頭人楞在那裡，面色如紙，眼淚漱漱地滴落。過了一會纔傷心欲絕地說：

「翰文，妳怎麽這樣對我？」

「妳應該先問問自己？」黃翰文冷峻地回答。

「我沒有做對不起你的事？」

「妳沒有做對不起我的事？」黃翰文猛然跳到她的面前，抓住她的臂膀，用力的搖：「妳為什麼血口噴人？」

「沒有！沒有！」莊靜哭着搖頭。

「妳還說沒有？」黃翰文氣得把牙一咬，兩手用力一握，厲聲地問她：「妳爲什麼拖人下水？說我同妳勾結？」

莊靜痛得眼淚直流，一面哭一面說：

「你不要上當，我沒有說你同我勾結！如果我屈打成招，你怎麼能夠出來？」

她還幾句話使他突然清醒過來，兩手一鬆，倒退兩步，呆呆地望着她：

「妳眞沒有說過那樣的渾話？」

「翰文，我沒有那麼黑的心，我怎麼會害你？」她悲傷地搖頭哭訴。

黃翰文突然眼圈一紅，一把抱住她，懊悔地說：

「該死！我上了當，我錯怪了妳！」

她伏在他肩上傷心地哭泣，她哭得越傷心，他就更加懊悔。他想到這一向對她的誤解和剛纔那種失態，不知如何是好？如果莊靜也像自己剛纔那樣咆哮一頓，或是打他幾下，他心裡會好受些，偏偏她又沒有一句怨言，只是傷心落淚。

「原諒我糊塗，不要再哭，我受不住！」他在她耳邊輕輕地說。

她慢慢抬起頭來望着他，眼淚盈盈地說：

「你沒有下過地獄，不認識牛頭馬面，我怎麼能怪你？」

「這眞是天外飛來的橫禍！」黃翰文重重地嘆了一口氣。

「冤有頭，債有主，我猜想八成兒是許亞琳整我。」莊靜冷靜地說。

「怎麼會是許亞琳整妳？」

「你不知道共產黨最會借刀殺人！」

「難道聶璋的信也是他們指使的？」黃翰文如夢初醒地說。

「聶璋有信給你？」莊靜睜大眼睛問。

黃翰文點點頭。

「什麼時候寫的？」

「出事以前。」

「這就對了！」莊靜把頭一點：「這完全是他們的圈套，他們怕我一個人不能拖你下水，又用聶璋來栽贓誣陷，你還蒙在鼓裡。」

「我沒有想到他們會這樣下毒？我以爲他們都是愛國份子。」

「翰文，你太天眞！」莊靜勾起了往事的回憶，半嗔怪地望着他說：「當初我就是這樣上當，現在後悔也來不及了！」說完，她又伏在黃翰文的肩上傷心哭泣起來。

黃翰文心裡也酸溜溜的。去年他們第一次見面，她簡直像一株水仙，人雖然不胖，可是臉上有紅有白，大眼睛裡面充滿了美麗的幻想，那未來的世界彷彿就是[illegible]詩和畫、舞蹈和音樂的天國。可是一年下來，她完全變了！現在她面色憔悴，大眼睛裡面充滿了痛苦和哀怨，惶恐和不安，再也沒有美麗的幻想。這一年之間，她顯得比黃翰文曉事多了。

他把她的頭托起來，替她擦乾眼淚，扶着她在竹桌旁坐下，倒了一杯開水給她，問她青年會可不可以繼續住？學校的事怎樣？她照實告訴了他。

他安慰了她一番，然後送她回去。她看房子裡沒有一個人，也沒有把門帶上，不禁問他：

「你不鎖門？」

「鎖什麼？我們三個窮光蛋，還怕別人共產？」

莊靜聽了淒然一笑，挽着他走了出來。黃翰文把她送到青年會門口纔回來。他回來時，廖聲濤和許挹清已經先回來了。

他們兩人問他那裡去了？他說送莊靜回青年會。

「莊靜也出來了？那我們明天請她吃飯壓壓驚。」廖聲濤高興地說。

「我早要你轉告許亞琳，叫她不要整莊靜，她怎麼做得這樣絕情？」黃翰文問廖聲濤。

廖聲濤兩眉一皺，摸摸後腦殼反問黃翰文：

「你怎麼知道是許亞琳整她？」

「因爲她說過這樣的話！」

「這件事明明是我們自己人幹的。」

「這是他們借刀殺人，不但莊靜是他們整的，連我也是。」

「你又不是延安逃出來的，他們怎麼會整你？」

「如果不是他們整我，怎麼聶璋只寫信給我，不寫給你們？」

廖聲濤又摸摸後腦殼，尷尬地一笑。

「當初我就有點懷疑，」許挹清說：「但想不出是什麼用意？」

「什麼用意？這就是栽贓！」

「這也不見得和許亞琳有什麼關係！」廖聲濤說。

「怎麼和她沒有關係？如果不是許亞琳告訴他，聶璋怎麼會知道我的通訊處？」

廖聲濤一時語塞，不停地摸後腦殼。

第四十章　起疑心情人質問　設陷阱魯男自清

「翰文和莊靜都出來了，妳知不知道？」廖聲濤躺在許亞琳的床上，腳搭在床架上，一邊抽煙一邊說。

許亞琳先是一怔。黃翰文出來了，胡以羣早就告訴過她，莊靜出來了她卻不知道。

「什麼時候出來的？」

「翰文出來幾天了，莊靜昨天纔出來。」

「你怎麼不早點告訴我？我也好慶祝一下。」

廖聲濤哈哈一笑，抓住許亞琳的臂膀問：

「妳究竟搗的什麼鬼？」

「你這話究是什麼意思？」

「什麼意思？這該我來問妳？」廖聲濤挺身坐起。「翰文出來了妳說要慶祝，他偏說是妳整他，究竟是怎麼一回事？」

許亞琳銀鈴似地笑起來，指着廖聲濤的鼻子說：

「[redacted]，這纔好笑！我和黃翰文無冤無仇，怎麽會整他？再說，重慶是你們的天下，我又憑什麽整他？」

於是他把黃翰文懷疑她的理由說了出來。

她又是一陣笑，故作感傷地說：

「憑良心說，我對黃翰文一直很好，你也知道，想不到他竟懷疑到我來了？眞是天大的寃枉！」

「那妳應該向他解釋一下，不然翰文的誤會更深。」

她稍一考慮，馬上爽快地點點頭：

「好的，改天我約他談談。」

「我告訴妳，翰文服軟不服硬，妳應該摸順毛，搞翻了他也會咬妳一口的。」廖聲濤雙手搭在許亞琳的肩上說。

她握住廖聲濤的手，往自己臉上一貼，嗲聲嗲氣地說：

「我總不能像伺候你一樣伺候他？」

廖聲濤哈哈一笑，在她耳邊輕輕地說：

「沒有關係，翰文不會和我穿一條褲子。」

她打了廖聲濤一下，把他往外一推，廖聲濤停在門口，笑着對她說：

「妳不趕我，我也要回去，不然翰文會駡。」

「眞沒有出息！這麽大的人了還受別人管？」她故意白廖聲濤一眼，用力把門一關。

廖聲濤推了兩下，沒有推開，搖搖擺擺地走了。

廖聲濤一走，許亞琳也悄悄地溜了出去，在冠生園買了兩盒點心，坐着黃包車趕到青年會來看莊靜。

莊靜完全沒有想到許亞琳會突然來訪，顯得有點尷尬、緊張。許亞琳却滿臉笑容地把那兩盒點心放在桌上，親熱地對莊靜說：

「莊靜，我特地代表上級來慰問妳，我們知道妳是受了委屈，正愁沒有辦法營救。幸好妳堅强不屈，終於得到自由，這證明妳的革命性强，妳仍然是我們最忠實的同志。」

莊靜望了許亞琳很久，纔慢慢問她：

「妳到這裡來是什麽意思？」

「沒有別的意思，是專程來慰問妳的。」

「何必猫兒哭老鼠？我差點沒有被妳整死！」

「唉，莊靜，妳完全誤會了！我怎麽會整妳？怎麽會整自己的同志？」

「上次妳不是親口說過要整我嗎？」

「那是說着玩兒的，妳怎麼信以爲眞？」許亞琳走近莊靜，笑得像個玉面觀音：「卽使妳鬧情緒，跑到重慶來，我們也只開會檢討檢討，要妳坦白一下不就算了？這妳還不知道？」

「我也知道你們是殺人不見血的。」莊靜冷眼看她。

「莊靜，妳別誤會，我們一直把妳當作同志，妳一到重慶，我不是請妳到新華書店去工作嗎？現在那個缺還是爲妳留着，隨時歡迎妳去。」

莊靜把背向着她，不願和她講話。

「莊靜，我了解妳，鬧點情緒也沒有關係，可不要誤解我對妳的好意？」許亞琳又轉到莊靜的面前。「妳看，妳辛辛苦苦逃到重慶來，滿以爲重慶比延安好，他們還不是把妳關起來？現在妳總該覺悟了？」

莊靜不作聲，將信將疑，許亞琳知道自己的話發生了作用，悄悄地轉到桌邊，塞了四百塊錢在兩盒點心中間，笑着對莊靜說：

「莊靜，我不打擾妳了，妳仔細想想。我對妳是一番好意，上級也諒解妳，不但歡迎妳回去，也歡迎黃翰文和我們站在一起。」

許亞琳邊說邊退出門外，莊靜沒有轉身，不知她已悄悄地走了。

許亞琳走了一會，莊靜纔轉過身來，她心裡非常矛盾，想來想去，當她一想起延安的[redacted]情形，她又不寒而慄。突然她拍了一下自己的腦袋：

「該死！我怎麼不識破她？險些被那隻狐狸精迷惑住了！」

她抬眼望見桌上那兩盒點心，上前一步，一把抓起用力一摔，剛好摔進了陰溝。

許亞琳從莊靜那裡回來，心裡非常得意，本來她是怕黃翰文對她不利，廖聲濤走後她跑去找莊靜，原想通過莊靜控制黃翰文，她抓住莊靜剛受打擊的心理弱點，向她游說，向她進攻，想不到莊靜眞被自己說動了心，這眞是一件意外的收穫！

「只要莊靜鳳還巢，黃翰文自然甘心臣服了。」她對着鏡子，掠掠被風吹亂的頭髮，得意地一笑。

第二天晚上，她決定對黃翰文冒險一次。她在新蜀大旅社訂了一個房間，借用莊靜的名義，模倣莊靜的聲音，打了一個電話給黃翰文，果然黃翰文分別不出是她的聲音。

打完電話她照照鏡子，覺得自己的打扮淡雅樸素，陰丹士林旗袍裹着豐滿的胴體，另有一種女性魅力。本來她可以把自己打扮得花枝招展，她有好幾件華貴的服飾，也有好幾支口紅，今天一概不用，她揣摩着黃翰文的心理，投其所好。

「黃翰文你這個書呆子，今天我一定要使你服服貼貼！」她對着鏡子自言自語。她覺得黃翰文遠不如廖聲濤那樣滑，也不像廖聲濤那樣老油條，他的聰明才智屬於另一方面，她相信她今天可以手到擒來。

她在房間裡踱了一會，又拿起從新華書店拿來的「靜靜的頓河」，「歐根・奧尼金」，翻了幾頁又走到鏡子面前站站。當她正用手掠着頭髮時，房門篤篤地響了兩下，她得意地馬上走過來把門輕輕拉開，人却閃到門後，黃翰文一進來，她又迅速地把門關上，突然現身出來。

黃翰文看見她一怔，呆呆地望着她，過了一會纔問：

「莊靜呢？」

她向他嫣然一笑，迎了上去：

「你怎麽只記得莊靜？難道只有莊靜纔是你的心上人？」

「是她打電話叫我來的。」黃翰文說。

「我就不能打電話叫你？」許亞琳向他媚眼一飛。

「妳還是開什麽玩笑？」

「不要對我板臉孔好不好？」她滿臉風光地走近他：「開一點小玩笑又何傷大雅？你也應該給我一點面子是不是？」

黃翰文連忙倒退兩步，她噗哧一笑。

「妳找我究竟有什麼事？」黃翰文又扳着臉問。

她不回答，風情萬種地望着黃翰文，黃翰文像觸電似的一震，拔步就走。

她馬上橫身一攔，笑臉相向：

「又沒有放警報，何必這樣慌慌張張？」

黃翰文脚步一停，臉上有些尷尬。

她指着桌子旁邊的太師椅說：

「坐一會兒，我還有話跟你講。」

黃翰文並不想坐，她把他往椅子上一按，隨手倒了一杯茶給他：

「聽說你關了一個多月，吃了好些生活是不是？」

「對了，妳不提起這件事我倒忘記問妳，」黃翰文突然站起來：「我想這件事和妳多少有點關係？」

她哈哈一笑，望着他曼聲曼氣地說：

「我看你犯了疑心病。」

「怎麼會那樣巧？妳那天晚上警告莊靜之後，沒有多久，我們兩人都關起來了。」

「我知道你對我有誤會，所以我特地約你談談。」

「不是誤會，這是事實。」
「你從那一方面證明是我？」
「我問妳：聶璋的信是怎麼來的？」
「怎麼？聶璋有信給你？」她故作驚訝。
「妳何必裝蒜？」黃翰文瞪她一眼。
「笑話，聶璋的信和我有什麼關係？」
「如果妳不告訴他，他怎麼知道我的通訊處？」
「我怎麼知道？這分明是你們自己人整你，你倒怪起我來了？」
「分明是妳借刀殺人，怎麼不怪妳？」
她笑着雙手往黃翰文的肩上一搭，輕輕一按：
「坐下，坐下，我又不是找你來吵架？你對莊靜是這種態度嗎？」
她的聲調非常溫柔，使黃翰文覺得自己的態度過於粗魯。
她笑盈盈地把茶遞給他，輕言細語地說：
「你眞錯怪了我，做任何事總得有個根據？你怎麼能捕風捉影？」
「莊靜不會說假話。」

「難道我會講假話？」她指着自己的鼻子。

「妳和莊靜不同。」

「你看那一點不同？」她站直身子，做出一個優美的姿態，看來更曲線玲瓏。

黃翰文看了一眼就不敢多看，她的身段和莊靜一般高矮，却比莊靜豐滿得多，臉色又紅又白，彈指可破，眼睛雖然沒有莊靜的大，但非常靈活，那種似睜還閉的樣子看了使人意亂神迷。莊靜不是這樣，看着莊靜，彷彿面對着一幅意境極高的淡墨畫，讀着一首意境深遠的抒情詩，情感自然昇華，而不致於迷亂。

黃翰文突然向門口一衝，她馬上把背貼在門上，向他笑着說：

「何必這麼慌？既來之則安之，怎麼不多坐一會？」

「本來我不是找妳。」

「假如我是莊靜，你就不走了，是不是？」她又向他飛了一個媚眼。

「莊靜纔不會在這種地方約我。」

「你把莊靜看成聖女是不是？」她向他揶揄地一笑：「你只會寫詩，太不了解女人了。」

「最少我瞭解妳。」

「你瞭解我？」她哈哈大笑，笑得胸脯微微顫抖，像兩個輕輕跳動的皮球，黃翰文把頭轉過去，她把黃翰文的頭攀過來，雙手捧着他的臉，嬌嗔地說：

「我對你一片好心，你倒把我看成一個壞女人？」

黃翰文怕她糾纏不淸，氣憤地把她推開，拉開門直衝出去。

黃翰文離開許亞琳馬上跑到青年會去，莊靜看他氣沖沖的樣子連忙迎着他關切的問：

「什麼事不開心？」

黃翰文把剛纔的情形告訴她，她幽幽地嘆口氣說：

「這眞是個狐狸精，昨天我也差點被她迷住了！」

黃翰文問是怎麼一回事？莊靜把經過的情形告訴他，黃翰文遺憾地說：

「可惜我沒有抓到她整我們的把柄，不然今天我會好好地賞她幾個耳光！」

「她是新聞記者，你不能打她。」

「那我把妳的遭遇寫篇文章，送到報館發表好了？」

「希望你不要再惹麻煩。」

「還有什麼麻煩？」

「漫說報紙不會登你這種文章，就是登出來了，他們也會罵你破壞抗戰，破壞團結，這頂大帽子你擔戴得了？」莊靜望着他說。

黃翰文的身子一震。他的頂頭大上司丘萊就是他們同路的紅人。很多名人都在捧他黃翰文算老幾？寫了文章誰敢發？又有誰相信？

第四十一章　瑜亮難分離高下　情人眼裡出西施

黃翰文去後，許亞琳心中又氣又惱，打電話把廖聲濤找了來。廖聲濤看她一身素雅，眼睛一亮，馬上把她摟在懷裡，她推開廖聲濤，歪着腦袋問他：

「你看我和莊靜有什麽不同？」

廖聲濤打量了她幾眼，眞是丈二金剛，摸不着頭腦。他摸摸後腦殼，身子向後一仰：

「妳怎麽考起我來了？」

「你別管，你說我那一點不如莊靜？」她兩眉微微一挑。

廖聲濤咳嗽兩聲，故意討好：

「不是妳不如莊靜，是莊靜不如妳。」

「她什麽地方不如我？」

廖聲濤從頭看到脚，然後兩隻眼睛停在她的胸前，似笑非笑，欲言又止。許亞琳駡他一句：

「別那麼賊眼溜溜的！」

廖聲濤轉過身去哈哈大笑，她一把將他拉過來，似嗔似喜地說：

「有什麼好笑的？你還沒有答覆我的問題！」

「看得見的地方，她不如妳；看不見的地方，妳不如她。」廖聲濤盯着她說。

「你少渾話？」許亞琳白他一眼：「爲什麼不痛痛快快地說出來？」

「在翰文的眼睛裡，自然妳不如莊靜；在我的眼睛裡，莊靜又不如妳。」

「此話怎講？」

「這就叫做情人眼裡出西施。」廖聲濤捏着她的鼻準說。

許亞琳迅速地在他臉上一吻：「你壞得可愛！」

廖聲濤又在這家旅館和她荒唐了一夜。

第二天上班他又遲到，他輕手輕腳地從黃翰文身邊走過去，黃翰文裝作沒看見，許揭濤把他的衣角輕輕一拉，他回過頭來向許揭濤作了一個鬼臉。

曹科長看廖聲濤遲到了一個鐘頭，又訓了他幾句，他一聲不響，拿起幾件公文看了一遍，打了幾個呵欠，隨手把卷宗往旁邊一推，抽起煙來。

這天又很快地混過去了。

晚上，他和許挹清、黃翰文、莊靜四人一道去看話劇，又碰到了許亞琳。她從後臺出來，和坐在前排的幾位三四流要人，同業，打了個招呼，突然發現他們幾人坐在一道，就走了過來。廖聲濤對她很殷勤，黃翰文對她很冷淡，她照樣和黃翰文打招呼，彷彿根本沒有發生那回事；她以爲莊靜眞的動搖了，對莊靜特別親熱，而且當着黃翰文的面捧莊靜：

「你的眼光的確不錯，莊靜眞是越看越美。」

黃翰文沒有搭腔，莊靜悶聲不響，廖聲濤連忙接嘴：

「你們兩位是半斤八兩。」

許亞琳向他嫣然一笑，身子輕輕一旋，走到前面記者席上坐了下來。

廖聲濤藉口去廁所轉了一下，就走到許亞琳身邊坐下。

「我看廖先生眞被她迷住了。」莊靜輕輕地對黃翰文說。

「這隻狐狸精眞有幾手！」黃翰文說。

散場後，廖聲濤又和許亞琳一道先走。許挹清陪黃翰文莊靜走了一段路，就獨自回去了，讓黃翰文送莊靜去青年會。

在路上，他們又談到莊靜的工作問題，吃住問題。青年會張總幹事總算幫忙，沒有要她一文錢，但她總覺得不能這樣的久待下去，她急於要找工作。黃翰文踏進社會不久，沒有人事關係，對於莊靜的工作問題也只好乾着急。

走到青年會門口，剛好碰着張總幹事從外面回來，黃翰文沒有同他正式見過面，莊靜馬上替他介紹。

張總幹事是一個四十多歲的中年人，身材高大結實，人很熱忱。他是教會學校出身，畢業後一直爲教會服務，他雖是基督徒，却像天主教的神父一樣，還是獨身。

他和黃翰文寒暄了幾句，笑着對莊靜說：

「密斯莊，報告妳一個好消息，我替妳在一個教會中學的圖書館裡找到一份工作，妳願不願意去？」

「謝謝總幹事，」莊靜掩飾不住內心的喜悅，興奮地說：「怎麼不願去？就怕我幹不了！」

「不會的。就是遠一點，在鄉下辦公。」

「在鄉下也好，免得跑警報。」

「眞的，妳的身體不大好，也應該在鄉下修養修養。」

莊靜和黃翰文向他說了一些感謝的話，張總幹事很開心，先走過去；黃翰文見時間不早，也就此告辭，莊靜又倒轉來送他，送了很遠還不肯回去，黃翰文不大放心，又把她送回來。兩人送來送去送了好幾趟，莊靜還捨不得分手，黃翰文親了她一下，她纔愉快的回去。走幾步回一下頭，走到青年會門口停在石級上向他揮手。她站在石級上顯得更加優雅清瘦。

黃翰文心裡有一種說不出來的愉快，他彷彿望到一個幸福的遠景；同時他心裡也有一種隱憂，他就心她的健康，她臉上特別顯出營養不足。

他回到宿舍時廖聲濤仍然沒有回來，許挹清伏在竹桌上唸英文。他把莊靜找到工作的消息告訴許挹清，許挹清聽了也非常高興。

他們兩人談了一會，以爲廖聲濤不會回來，正準備睡覺，廖聲濤却搖搖擺擺地回來了。黃翰文望了他一眼沒有作聲，許挹清笑着說：

「我以爲你又睡到溫柔鄉去了？」

「今天再去溫柔，翰文不罵死我？」廖聲濤向許挹清擠擠眼睛。

黃翰文和許挹清已經脫衣上床，廖聲濤脫掉衣服往被子裡一鑽，像隻鴕鳥般把頭一蒙，又突然把被子掀開，對黃翰文說：

「哦！我差點忘了，許亞琳要我對你說，她們的報紙要出一個詩刊，發第一流詩人的作品，她要你也寫一首去。」

「我不是詩人，不敢高攀。」黃翰文冷淡地回答。

「你眞是個拗相公，寫一首去又有什麼關係？機會難得！一登龍門，身價百倍！」

「算了，我不想登這個龍門。」黃翰文把被子往頭上一蒙。

「不要做縮頭烏龜，」廖聲濤笑着駡他：「我的話還沒有說完呢。」

黃翰文把被子揭開，廖聲濤接着說：

「許亞琳說，她又替莊靜找到了一份工作，要你勸她去。」

「謝謝她，莊靜已經找到工作了。」

「眞是狗咬耗子白費力！我好心沒有好報。」

許揖濤嗤的一笑。黃翰文心裡却在駡許亞琳是狐狸精。

第四十二章　遠道送行情義重　竹林幽徑羽毛親

張總幹事介紹莊靜工作的那所教會學校，離重慶有二三十里路，莊靜到職的那一天，黃翰文請了假陪同她去。

吃過早飯，他就蹓到青年會來，莊靜正跪在竹床上綑鋪蓋，累出一頭汗，鋪蓋還是綑不緊，好像一個大棉花包，黃翰文看了，把她從竹床上攙下來，一脚踏上去，很快的將鋪蓋綑好，而且連臉盆漱口用具也一道綑了上去，綑得很緊。

「我綑了半天總綑不好，你手脚眞快！」莊靜笑着說。

「妳手無縛鷄之力，怎麽綑得好鋪蓋？」黃翰文笑着跳下竹床：「滑竿叫來了，是不是現在就走？」

「好，我去向張總幹事辭行。」她點點頭，迅速地轉身出去。

過了一會，張總幹事和她一道過來，看見黃翰文，他說了一聲「早」，伸出大手和黃翰文一握，爽朗而親切。

他看了一眼綑好的行李，從口袋裡掏出一封信交給莊靜：

「妳把這封信交給王校長，一切問題他都會替妳解決。」

莊靜向他微微一躬鞠，說聲謝謝，把信放進手提袋。

張總幹事臉上掛着欣慰的笑容，又分咐了她幾句，把莊靜送到門口。

轎伕把行李綁上滑竿，催着要走，張總幹事要莊靜坐上去，莊靜望了滑竿一眼，又望望黃翰文，黃翰文明白她的意思，笑着對她說：

「妳坐，我走慣了路。」

她眼圈微微一紅，連忙低着頭撩起旗袍下擺，坐上滑竿。她一坐上，兩個轎伕就往肩上一抬，扯起脚來大步奔跑。

她回頭向張總幹事揮揮手，張總幹事也揚起大手笑着對她說：

「歡迎時常回娘家來。」

莊靜連忙點頭，眼淚點點滴落。

轎伕身穿長袍，脚着草鞋，健步如飛，黃翰文空手跟在後面還有點吃力。

莊靜不時回頭望望黃翰文，她看他跟在後面走路心裡有點不安，不止一次叫轎伕走慢一點，轎伕聽了不高興，前面那個又黑又瘦的轎伕突然回過頭來鼓着眼睛問她：

「朗格嘛？快馬加鞭妳還不安逸？」

走到郊外一個茶棚門口，轎伕自動地停了下來，那個又瘦又黑的轎伕拉起破藍布罩袍擦擦額上的汗珠，從腰間掏出一個小紙包兒，向四周張望了一下，走進茶棚，自己倒了一杯茶，躲到一個暗角裡拿起一粒煙泡往嘴裡一塞，咕嚕一聲吞下去。然後得意的走了出來，從腰間抽出一根發紅的旱煙桿和打火石來，把紙捻按在一塊石上，用力敲了幾下，紙捻便燃起一朵火花。

他一隻脚踏在長凳上悠然自得地抽起黃煙來——。

莊靜望了他一眼，輕輕地對黃翰文說：

「這人眞是煙釘子，說不定過足了癮會跑得更快。」

「我追得上他。」

「你坐一會好了。」她指着滑竿對他說。

「還是妳坐，妳跑他們不過。」

她想要他多叫一乘滑竿，但她沒有錢，她想黃翰文身上的錢也不多，所以沒有開口。

那轎伕過足煙癮，把旱煙桿往腰帶裡一插，走了出來，莊靜連忙站在兩根竹槓裡面，歉然地看了黃翰文一眼，順勢坐上竹兜。轎伕把滑竿提起，竹槓往肩上一放，又邁開大步小跑起來。

他們一口氣抬到學校，這時才十點多鐘。

這學校是從下江遷來的，校舍是茅頂泥牆，學校四周有茂林修竹，環境十分清幽。

莊靜拿着張總幹事的信去見王校長，黃翰文站在校門外看守行李，不久一個校工和莊靜一道出來，校工把行李扛了進去，黃翰文打發了轎伕也跟着進去。

莊靜被安置在一個單人房間裡，黃翰文覺得房間小了一點，她却欣慰地說：

「這比[redacted]窰洞好多了。你看，四周是茂林修竹，風景多好？」

「這裡不怕空襲，正好讀書。」黃翰文點點頭。

「我真想利用這個環境多讀點書。」

「妳坐擁書城，不愁沒有書看。」

莊靜向他甜蜜地一笑，挽着他在學校前後巡迴了一周，再送他出來。

學校離大馬路還有一段距離，要通過一條由兩邊的修竹合成甬道似的曲折幽徑，優雅清靜，如同人間仙境。學校正在上課，除了他們，沒有別的行人。

「這環境對妳有益，妳好好地修養一個時期，身體自然會好起來。」黃翰文說。

「你覺得我的身體怎樣？」她微微偏着頭問。

「好像沒有在漢口時好？」

「這一兩年來，我眞像做了一場噩夢，接二連三的打擊，把我弄成這個樣子。」

「只要注意調養，很快就可以復原。」

「但願老天見憐，不要再折磨我。」她右手撫着胸口，抬頭望天。

兩隻黃色的小鳥在竹林中跳來跳去，吱吱啾啾，相互追逐，另一種清脆悅耳的鳥聲又從竹林深處傳來。黃翰文連聲讚美這裡的環境。

「只是有點寂寞！要是你也住在這裡。那我們就是地行仙了。」

「可惜我不能享這種清福，不過我會經常來看妳。」

「免得你一個人跑來跑去，有空我也會到重慶去看你。」

「妳還是多多休息，不要心掛兩頭。」

快到公路，他們又不期然而然地往回走，走了一段又看見那兩隻小黃鳥在竹林中相互追逐，然後停在一根又軟又長的竹枝上，相互梳梳羽毛，親親嘴兒，他們兩人互相望了一眼，也情不自禁的擁吻起來。

時間在他們的臂彎裡慢慢的流動，在他們的唇間靜止下來。很久很久，莊靜纔吐出一口氣，深情地望了他一眼。

「我該走了。」黃翰文在她耳邊輕輕地說。

她怔怔地望着他，悽然一笑，挽着他慢慢地走到幽徑的盡頭。黃翰文迅速地在她額上吻了一下，倏然分開，跳上公路。她百無聊賴地抓着一簇竹葉在手中撕揉，望着黃翰文的背影，眼淚沿着兩頰慢慢地往下流。

第四十三章　離間中傷賢淑女　走馬換將荐新人

黃翰文回到重慶，廖聲濤、許挹清向他探聽莊靜學校的情形，黃翰文告訴他們，同時表示感謝張總幹事。廖聲濤嬉皮笑臉地說：

「你就一點也不感謝許亞琳？」

「她貓兒哭老鼠，還會安什麼好心？」黃翰文白了廖聲濤一眼。

「翰文，你對她成見太深。其實她對你是一片好心！」

「我可不領她那份情。」

「奇怪你們怎麼這樣沒有緣份？」

「我再和她有緣份，我們兩人只好打架了！」

廖聲濤噯的一笑，十分輕鬆地說：

「煙酒不分，女人如衣服，何必那麼認眞？」

「他們把男女關係當作一杯水，你也一樣？」

「我不想當共產黨，這件事我倒不反對，反正我們男人不會吃虧。」

「眞是近朱者赤，你再和那個狐狸精混下去，我看你眞會被她同化！」

「我不像賈寶玉是泥做的，化不了。」

胡以羣突然闖了進來，看他們說說笑笑，也笑着問：

「什麼事使你們這樣開心？」

「翰文罵我被狐狸精迷住了，」廖聲濤馬上接腔：「我說所有的男人都是一樣，你承不承認？」

「我不承認。」胡以羣搖搖頭。

「你不承認？」廖聲濤望着胡以羣說。「連翰文這樣的正人君子也會和莊靜戀愛，難道你還不喜歡女人。」

「我不像他！」胡以羣指指黃翰文，又望望廖聲濤，「更不像你！」

「你像李蓮英？」廖聲濤哈哈儍笑。

「別胡扯！」胡以羣罵他：「我不像翰文一樣爲女人牽腸掛肚；也不像你到處拈花惹草；我是需要的時候就找一個，不需要的時候一腳踢開，乾乾脆脆。我纔沒有那麼多的閑情和娘兒們鬼混！」

「你這纔是眞正的一杯水！」

「本來嘛！」胡以羣拉長着馬臉說：「男女之間就是那麼回事！張三鍋要補，李四要補鍋，什麼情呀，愛呀，哥呀，妹呀，都是神經病！」

「你這是最徹底的唯物論，簡直可以作馬克斯的老師。」黃翰文說。

「翰文，你不要那麼認眞，小心上當！」

「我又不和許亞琳狗屁倒灶，上誰的當？」

「你以爲莊靜眞是一個冰清玉潔的女人？」

「你何必扯上莊靜？」黃翰文站了起來，他認爲胡以羣侮辱了莊靜。

胡以羣並不生氣，反而心平氣和地對黃翰文說：

「翰文，我們是老同學，我完全是一番好意，我知道你陷得很深。上次你幾乎被她毀了，其實你早就應該淸醒。」

「我沒有糊塗呀。」

「當然，我沒有權干涉你，」胡以羣滿臉堆笑：「我完全是爲你着想。你文武全材，是我們黨中最有前途的人。談戀愛也應該認淸對象，重慶有多少漂亮女人，你怎麼聰明一世，糊塗一時？何必同一個從延安逃出來的女人談什麼愛情？這不是捉隻蝨子在頭上抓癢？自找麻煩？」

胡以羣這番話說得很漂亮，使黃翰文拉不下臉來。

胡以羣好久沒有請客，廖聲濤又敲他的竹槓，胡以羣大方地說：

「本來我就打算請客。剛纔說溜了嘴，忘記了正事，翰文，你可不要怪我口直心快？」

黃翰文坦然地搖搖頭。廖聲濤打量了胡以羣一眼：

「怎麼？你發了橫財？」

「我又不能印鈔票，發什麼橫財？還不是自己的薪餉？」

「針杪上削鐵，那有幾個鳥錢？」廖聲濤嘴巴一撇。

「你只有一張嘴，還能吃垮金銀山？」胡以羣大方地拍拍口袋。

「好！我們去痛痛快快吃他一頓。」廖聲濤雙手把黃翰文和許挹清一拉，擁着他們走出來。

胡以犖把他們帶到一個很有名的下江吃食店三六九去吃湯糰，恰巧碰上他的「表妹」——一位明眸皓齒大約二十來歲的漂亮小姐，她看見胡以犖進來連忙起身招呼，胡以犖把他們拖到她那張桌子去坐，同時介紹他們認識。

胡以犖的「表妹」姓劉，叫劉孟君。當胡以犖介紹她和黃翰文認識時，她看了黃翰文幾眼。

胡以犖問大家吃什麼？廖聲濤要芝麻湯糰，黃翰文、許挹清也照樣要了一盌，劉孟君什麼也不要，因爲她剛剛吃完。

廖聲濤吃完了一盌芝麻湯糰，又要肉湯糰，胡以犖笑着問他：

「你是不是存心把我吃垮？」

「旣然開飯鋪，還怕大肚皮羅漢？」廖聲濤說。

他一面吃一面和劉孟君搭訕。他的話多，劉孟君也很健談。胡以犖偶然打岔，又被廖聲濤接了上去。劉孟君想撇開他和黃翰文說幾句話也常常被他打斷。

胡以犖會過賬，便和劉孟君一道走了。

他們兩人一走開，廖聲濤就談論起劉孟君來。

「這眞應了賈寶玉的話，女人都鍾靈毓秀，男人都濁臭逼人。劉孟君也是個俏女人。」

「你又想得離譜？」許挹清笑着問他。

「說眞的，劉孟君比許亞琳年輕，不像許亞琳那麼老油條，剛開的牡丹花兒，另有一種味道。」

這天晚上，黃翰文很久都沒有入睡，胡以鞏說的「你以爲莊靜眞是一個冰清玉潔的女人」那句話一直使他耿耿於心。那天許亞琳在旅館裡也說過類似的話，他以爲那是許亞琳故意中傷，根本不相信。胡以鞏是自己人，怎麼也說這種話？難道莊靜也是一杯水的女人？

本來他想親自去問問莊靜，又怕傷了她的自尊心；寫信去問也很難着筆，就這樣一直悶在心裡。

一天胡以鞏打電話約他吃晚飯，他本不想去，胡以鞏說有重要的事和他商量，非去不可，說完就把電話掛斷。他只好赴約。

原先他以爲只有胡以鞏一人，想不到劉孟君也在座，他和胡以鞏面對面坐在一個小房間裡。

她一看黃翰文便笑盈盈地站起來招呼。黃翰文也向她點點頭。胡以鞏笑着對黃翰文說：

「今天我請孟君吃飯，特地請你作陪，又怕你不來，才撒了一個謊，現在向你告罪。」

「我還以爲眞有什麼十萬火急的事？你怎麼不把聲濤和挹清兩人一道請來？」

「挹清的臉皮太嫩，聲濤的臉皮太厚，都不是好陪客，所以我一概不請。」胡以鞏笑着回答劉孟君和黃翰文客套了一番。黃翰文向胡以羣說：

「你們什麼時候在重慶碰上的？」

「前不久，」劉孟君接腔：「黃先生，說起來眞有點好笑，眞是大水沖倒龍王廟，自家人不認識自家人。」

「孟君，別提吧。」胡以羣笑着搖搖頭。

「表哥，你怕丟人？」她望着胡以羣說。

「不要出我的洋相，妳包涵一點好了。」

她瞟了他一眼，纔講出他們相遇的故事。

一天晚上，他們都在排隊買話劇票，本來她排在前面，胡以羣站在身後，一接近窗口，胡以羣人高手長，却搶在她的前面，於是他們吵了起來，起先胡以羣聲勢洶洶，但越吵下去越不對勁，兩人你望望我，我望望你，終於認出本來面目，兩人不禁啞然失笑。

「表哥好壞，仗着一身老虎皮欺侮我。」她笑着結束了他們相遇的故事。

「眞是黃毛丫頭十八變，癩蝦蟆變天仙。幾年不見，我完全不認識她了，不然我還好意思和她搶票？」胡以羣說。

「所以我罰他請客。」

「現在她尋敲我的竹槓，我已請過好幾次了，那一架眞吵得我災情慘重。」

劉孟君得意地一笑。她的口才很好，常識也很豐富，而且相當機智、幽默。

這次她和黃翰文談了一個多鐘頭，談得非常投機。

飯後她先走，胡以羣把她送到樓梯口就回到小房間和黃翰文聊天。

「眞是黃毛丫頭十八變，我做夢也沒有想到她會長成美人胚子。」胡以羣說。

「你們既然是親戚，就應該替自己打打主意？」黃翰文笑著說。

「我早對你說過，我不會和女人磨菇，我不來這一套。」

「聲濤倒躍躍欲試。」

「廖聲濤那個輕薄鬼，任何女人他都想打主意。只是孟君對他沒有興趣。」

「你怎麼知道？」

「聽她的口氣。」

「她怎麼會和你談到廖聲濤？」

「我知道她沒有對象，準備替他介紹個，一談自然就談到我們老同學身上來了。我坦白告訴你，她對你的印象倒很好。」

「你怎麼扯到我頭上來了？」

「她是小姑獨處，沒有主兒。我替你們做個媒好不好？」

「那怎麼可以？」黃翰文笑着搖搖頭。

「怎麼不可以？」

「你又不是不知道我和莊靜的事？」

「翰文，不是我替孟君戴高帽子，無論從那方面看，她都不會比莊靜差。」

「不是這個意思。」

「我知道你和莊靜的感情很好，爲了替你着想，我勸你還是放棄莊靜好些。」

「爲什麼？」

「旁觀者清，當局者迷，你自然看不出來。」胡以鞏向他意味深長地說：「如其將來後悔，不如早點回頭。這並不是我要把孟君推銷給你，硬撮上這門親，老實說像孟君這樣俏的女孩子，還怕沒有人追嗎？」

「我知道你是一番好意，不過怎麼說我也不該拋棄莊靜。」

「你和莊靜既沒有結婚，又沒有訂婚，根本沒有任何責任。」

「這不是責任問題，是良心問題。」

「當然，這件事要你自己拿定主意，誰也不能勉強你。我還沒有徵求孟君的同意，只是隨便提提。」

黃翰文說了幾句感謝的話，胡以羣笑着站起來，會過賬兩人一道離開。

這頓飯又增加了黃翰文的困擾。莊靜是從延安出來的，這是無可否認的事實；而劉孟君又的確很美，她笑時嘴角上兩個若隱若現的酒渦，眞有說不盡的嫵媚，任何男人見了都會心跳。

黃翰文回來時，廖聲濤和許揚清問他那裡來？他照實告訴他們。廖聲濤脚一頓：

「嗨！你眞笨！爲什麼不一箭雙鵰？」

第四十四章　施詭計真真假假　動真情倒倒顛顛

胡以羣和黃翰文分手之後就去看許亞琳，許亞琳劈頭便問：

「怎樣？任務達成沒有？」

「黃翰文的腦筋太舊，頑固得很。」胡以羣說。

「怎麼？這麼香的餌，他還不上鈎？」許亞琳一楞。

「他沒有拋棄莊靜的意思。」

「黃翰文這傢伙眞有一點癡！」

「我看根本用不着在這裡布爾喬亞身上費這麼多手腕！」

「拉他就是打擊莊靜，我們爲什麼不在他身上下點工夫？」

「恐怕是白費氣力。」

「你只要替劉孟君多製造機會，讓他們時常接近。莊靜不在重慶，劉孟君正好乘虛而入，黃翰文不是不解風情的人，日久自然情生。」

胡以羣不敢再置一詞，許亞琳又鼓勵他一番，講了一篇道理，他只好乖乖地聽命。

第二天是個晴朗的好天，淸早起來沒有一點霧，這是最近一個月來少有的現象，大家也提高了警覺，都預先向郊外疏散。

黃翰文因爲心情不好，比廖聲濤、許挹淸遲走了一步，他也不想湊熱鬧，選擇了一個比較僻靜的地方坐下來。

他把圖囊當作坐墊，背靠在樹上，看了一會報紙，有點意興闌珊，正想偸閑給莊靜寫封信，他一提起筆，就自然想起胡以羣的話：「你以爲莊靜眞是一個冰淸玉潔的女人？」一想起這句話，他就有點難堪，彷彿受了誰的侮辱。本來他預定禮拜天去看她的，也因爲這種心理作祟纔沒有去。他不敢見她，正如一個下了很大的賭注的賭徒，遲遲不敢揭開盅蓋一樣。骰子蓋在裡面，不知道輸贏，總還有點希望；蓋子一揭開，輸贏立見分曉，再也沒有幻想。這是他第一次戀愛，他把全部情感都投注在莊靜身上，這一注如果下錯，他眞不知道怎樣收場？

他正雙手抱膝，兩眼望着遠方，心裡空空盪盪，而劉孟君却像幽靈似地出現在他身旁，笑盈盈地問他：

「黃先生，你怎麼一個人坐在這裡發呆？」

黃翰文這纔如夢初醒，站了起來，歉然地說：

「對不起，劉小姐，我失禮了。」

「別客氣，躲警報的人多，你怎麼會知道是我？」劉孟君向他微微一笑，露出兩個淺淺的梨渦。「我表哥說你的詩寫得很好。」

黃翰文淡雅一笑

「別信他胡扯。」

「你怕我學了是不是？」她嫣然一笑。

「妳表哥是我的老同學，他知道我是半瓶醋。」

「黃先生，你坐吧。警報的時間還長呢！」

黃翰文在原處坐下，她從腋下抽出一條花手絹，往地上一鋪，在黃翰文對面坐下。

「以肇怎麼沒有出來躲警報？」黃翰文問。

「不知道他躲到什麼地方去了？」她微微一笑，黃翰文又看到兩個若隱若現的酒渦。

面對着劉孟君，使黃翰文不自覺地想起胡以肇昨天晚上對他講的話。他願意把這樣一個如花似玉的表妹介紹給他，他覺得胡以肇這個人對自己總算不壞。劉孟君不像莊靜那樣內向沉靜；也不像許亞琳那樣世故深沉，她有她們這種年齡的少女們所應有的活潑和熱情，更顯得明媚動人。胡以肇那樣不解風情的人，居然有這樣一位善解人意的表妹，他眞有點妬忌。要是自己有這樣一位表妹那該多好？

「黃先生，你在想什麼？」她看黃翰文低頭沉思，又笑着問。

「沒有想什麼。」黃翰文笑着搖頭。

「黃先生，我很奇怪，是不是詩人都愛想[redacted]？」

「我不是詩人，請不要見笑？」

她笑盈盈地望着黃翰文，又把話題扯開，和她天南地北聊了一會。臨走時她對黃翰文說：

「[redacted]原諒我打擾了你這半天，不然你也許寫好一首詩了！」

她輕輕一笑，像一條梅花母鹿樣輕盈地跑開，跑到轉彎的地方又從腋下抽出花手絹，向黃翰文揚幾下，便飄然的走了。

黃翰文本來有點紊亂的情緒，這樣一來，被她搞得更紊亂了。

以後只要黃翰文單獨在什麼地方，劉孟君總會找到他。他有點奇怪，始終沒有問她。她一找到他就掩飾不住內心的喜悅。見面的次數越多，拘束越少，她的熱情像水銀柱樣直線上升，使黃翰文也有點心猿意馬，不得不開始躲避她。她也總有辦法把他找到，一找到他，那種喜悅之情，自然溢於言表。

一天晚上，她跑了好幾個地方纔找到他，她先是一喜，隨後又微微嘟起嘴說：

「你總是神龍見首不見尾，害得我到處亂，是不是存心躲我？」

她這樣單刀直入，使黃翰文措手不及，只好支吾地說：

「最近很忙，上面交了很多臨時差事，白天忙不了，晚上還要趕夜班。」

「你一個人躲在這裡喝苦茶，趕什麼夜班？」

她一下就揭開了黃翰文的底牌，他也不禁失笑。

「一連爬了幾個山坡，腿都爬酸了，你還好意思笑？」她輕輕白了黃翰文一眼，

黃翰文不敢看她，也不再笑。他把頭轉過去，眼睛望着窗外，她雙手把他的頭攀過來，睜大眼睛望着他，又氣又惱地說：

「你為什麼不看我？」

黃翰文的臉脹得通紅，沒有作聲。他們這樣僵了一會，她突然像個洩了氣的皮球，倒在他的懷裡啜泣起來。

「別哭，我們好好地談談。」過了一會他說。

「你老是躲咪貓，我縱然有一籮筐話，也找不到你談。」

她握着他的手，輕輕地撫摸。黃翰文悄然落淚，滴在她的手上，她驀然一驚，怔怔地望着他。隨即從腋下抽出那條花手絹，替黃翰文輕輕地拭去淚水。黃翰文輕輕地握住她的手，眼淚斷續滴落。她心裡在笑，臉上也在笑，她笑着逗他：

「別猫兒撒尿，我錯怪你了！」

「不，」他搖搖頭：「你沒有錯怪我，我是在躲避妳。」

她像觸電般一震，眼睛瞪得很大，嘴微微張開，突然兩手在他胸口擂了起來，哭着說：

「你爲什麼要躲避我？爲什麼要躲避我？」

「因爲妳遲了一步。」

她嘴裡像突然塞進一團棉花，立刻止住哭，瞪着兩隻杏眼望了他半天，然後頭一低，猛力在他臂上咬了一口，踉踉蹌蹌地奪門而去。

黃翰文站起來想追，她已衝了出去。他摟着自己的手臂，咬着牙齒蜷在躺椅上痛得哼哼唧唧她跑去找胡以羣，重重地摑了他一個耳光，胡以羣被她打得楞頭楞腦。

「什麼事？你瘋了？」

「你爲什麼騙人？」她又伸手想打，但被胡以羣揪住。

「你要我和黃翰文談戀愛，你爲什麼不先告訴我他有愛人？」

「這是上級的意思，用不着告訴妳。」胡以羣把她的手一摔，她的身子一歪，踉蹌了兩下才站穩腳步。

「你不知道我沒有談過戀愛？」她雙手蒙着臉哭了起來。

「怎麼妳弄假成眞？」胡以羣喝問。

「如果你是女人，天天和他接近，看你會不會動心？」

「那妳就繼續和他混下去！」

「我不會演戲，我混不下去！他也不會拋棄他的愛人！」

「第一次出馬就栽筋斗？許同志還說妳行？我看妳簡直是根蠟燭！」胡以羣大聲咆哮。

她看胡以羣臉孔鐵青，臉上冷冷冰冰，沒有一點同情，不禁打了一個冷噤。胡以羣看她被壓制下來，氣燄更盛，想到剛才被她摑了一個耳光，又辣又痛，心裡更氣，便大聲教訓她：

「妳連這點考驗都經不起，還配革命？許同志也是女人，爲了黨她不惜任何犧牲。叫妳去和黃翰文談戀愛是美人計，妳倒想眞的享受小資產階級的温情。妳的立場根本沒有站穩！」

她聽說立場沒有站穩，心裡不免有點害怕。但倔強的本性，却使她不肯低頭，尤其是在胡以羣面前。平常看他對許亞琳那種卑躬屈膝的樣子，她心裡早就瞧不起他，現在他竟對自己抖威風，無論如何不能令她心服，越想火氣越往上冲，不禁頂他兩句：

「不要抓着雞毛當令箭，扣我的大帽子！」

「好哇！你自己斬不斷小資產階級的尾巴，還說我扣妳的大帽子？」胡以羣抓住她的胸襟咬着牙說：「我馬上反映上去！」

說完用力一推，她幾乎摔了一個跟斗，氣得滿臉通紅，哭喊着說：

「你欺侮女同志，我也反映上去！」

說完身子一扭，掉頭就跑，胡以羣沒有追她。

她嘴裡雖說要反映上去，實際上並沒有這樣做，她心裡難過得很。和黃翰文的「戀愛」雖然像演了一場戲，起先自己也曾警告自己，只能做一個臨時演員，結果竟假戲眞做，讓黃翰文在心裡留下了無法磨滅的影子。她的純眞愛情被當作工具，還受了胡以羣一頓教訓，她傷心極了！一跑回來就關起房門倒在床上哭泣，直哭到精疲力竭，昏昏沉沉睡去。

可是胡以羣却把這件事情原原本本告訴了許亞琳，許亞琳聽完了他的報告嘆了一口氣：

「我原以爲她是一位優秀同志，想不到一面對事實，小布爾喬亞的弱點就完全暴露出來。」

「那麼對她應該怎樣處置？」胡以羣問。

「我建議送她到延安去。」

「對，她應該嚴格教育。」

「不過，話說回來，我們也應該自我檢討。」

胡以羣聽了一楞，惶恐地望着許亞琳。

「首先我要檢討自己。」許亞琳冷靜地說：「劉孟君沒有談過戀愛，我不該要她去擔任這個角色，只是一時又想不出適當的女同志來；黃翰文是一隻刁嘴的猫，差不多的女孩子他看不上眼，這纔選上劉孟君，我實在沒有想到她會假戲眞做？」

許亞琳望了他一眼，鄭重其辭地指着他說：

「胡同志，你也不對。」

胡以羣怔怔的望着她，不敢作聲。

「你應該安慰她，說服她，不該板着臉教訓她，尤其不該扣她的帽子。萬一她害怕起來，向黃翰文一面倒，把我們的計劃和盤托出，把你的身份暴露出來，請問你有幾個腦袋？」

胡以謇額上直冒冷汗，面如死灰，結結巴巴地請示許亞琳：

「妳看怎麼辦？」

「馬上去向劉孟君認錯！」

胡以謇面有難色，許亞琳又補充了幾句：

「為了黨的利益，為了你個人的安全，你應該馬上去，趕快穩住她。立刻把黃翰文和她隔離起來，我再請求上級用最迅速的方法，把她送到延安去。」

胡以謇連忙點頭，迅速退了出來。

他趕到劉孟君的寢室，劉孟君剛好睡了，他敲了一會房門，不見動靜，急得滿頭大汗，又不敢大聲叫喊，敲了好一會，劉孟君纔醒，在床上問了一聲：「誰？」胡以謇輕輕地回答了一聲：

「我！」劉孟君沒有聽清楚，又問：

「你是誰？」

「我是胡以謇。」他提高了一點聲音。

「三更半夜，你來作什麼？」

「有事和妳面談。」

劉孟君本來不想理他，又怕眞有重要的事情，只好起身開門。她本來是和衣倒在床上的，一翻身就跳下床來，把門閂輕輕抽開。

胡以羣迅速鑽了進去，隨手把門關上。

劉孟君看了他一眼，愛理不理，他笑容滿面地對她說：

「劉同志，妳走後我切實反省了一下，覺得對妳不起，所以特地趕來向妳認錯。」

「你還有錯？」她冷峻地望了他一眼：「有錯還會扣我的大帽子？」

「我一時失言，實在抱歉！」胡以羣遑忙陪上笑臉。

「你知道那頂大帽子可以壓得死人？」

「劉同志，我決不是有心，實在是一時之氣，妳也不知道妳那一巴掌有多重？我的臉現在還在發燒呢。」胡以羣故意摸摸臉。

劉孟君迅速地背轉身去忍住笑。他看見她想笑，又打趣地說：

「劉同志，只要妳能原諒我，我情願再挨妳一耳刮子。」

「好！」劉孟君倏然轉身過來，順手摑了他一記耳光，又脆又響。

他摸摸臉，忍住痛，向她一笑。

「好，我原諒你，你快點滾出去！」劉孟君指着門口說。

胡以羣蹣跚地走了出來，走到門口又回過頭來對劉孟君說：

「怎麼說我們都是自己人，妳打我兩個耳光也沒有關係；黃翰文纔是敵人，怎麼可以和他弄假成眞，那不賠了夫人又折兵？」

她砰然一聲把門關上，房裡響起一陣似哭非哭似笑非笑的聲音。

第四十五章　深深齒印留眞愛　斑斑血淚染全身

莊靜因爲非常想念黃翰文，從鄉下趕到重慶來看他。

這天是星期六，她本來想住青年會，一問之下，才知道她原來住的那個房間住了別人，其他的房間也不空，她只好在一家小旅館開了一個單人房間。

她到的時間不早，偏巧這天下午黃翰文的公事特別多，都是重要的急件，他忙到晚上七點多鐘纔抽出空來看她。

莊靜有個把月沒有看見他，等得非常着急，不時看着壁上的掛鐘，那個老爺鐘，好像老牛破車，走得特別慢。

當她正望着掛鐘出神時，黃翰文突然走了進來，她臉一紅，連忙把頭埋進黃翰文的懷裡。

「你望這老爺鐘幹什麼？」黃翰文笑着問她。

「左等你不來，右等你也不來，我以爲它停了罷？」她抬起頭嘴的一笑。

黃翰文在她臉上親了一下，她痴痴地望着他：

「你怎麼這麼久不去看我？」

「我本來預備明天去看妳的，想不道妳今天來了。」

「我等不到明天，生怕你又出了什麼岔子？」

「放心，不會再出什麼岔子了。」他摸摸她的頭髮說。

他發現她又瘦了一些，臉上沒有血色。他托起她的下頦仔細端詳了一會，她的臉微微一紅，笑着問他：

「你怎麼這樣看我？」

「我覺得妳又瘦了，妳怎麼不好好保重身體？」

「我很注意，」她微笑着說，「只是這一向來，下午總有一點發燒，晚上也會出汗，不知道是什麼緣故？」

「妳來了也好，星期一去醫院檢查一下。」

「我看還是不檢查好。」

「爲什麼？」

「萬一檢查出什麼富貴病來，心裡反而長了個疙瘩。現在醫藥缺乏，連阿斯匹靈消炎片都成了奇貨，還不如不檢查。」

「不能這麼說，」黃翰文搖搖頭：「有病總得醫，我那次如果不是遇到了好醫生，妳就見不到我了。」

她聽黃翰文這樣說，眼睛一紅，淚水在眼裡滾動，她本來多愁善感，這一向來感情更特別脆弱。

「怎麼又猫[illegible]尿了？」黃翰文故作輕鬆地說。

她頭一低，伏在黃翰文的肩上，讓黃翰文的衣服悄悄吸乾自己的眼淚。過了一會又抬起頭來向黃翰文一笑，黃翰文輕輕地吻了她一下，她雙手摟抱黃翰文，正好碰着他的傷處，他哎唷一聲，她大驚失色地問：

「你怎麼啦…………？」

黃翰文忍住痛搖搖頭。

「快告訴我，怎麼會痛？」她睜大眼睛關心地望着他。

「沒有關係，現在不痛了。」

「究竟是怎麼一回事？讓我看看。」她急着把他的袖子捋上去，袖子很小又擦着傷處，他又痛得眉一皺，嘖嘖作聲。

「你把扣子解開，把這邊袖子褪下來讓我看看。」她輕柔地說。

「算了，不必看，沒有什麼西洋景兒。」黃翰文不願意她看到那兩排深入肌肉的齒印。

「我在延安學過幾天看護，讓我看看，替你敷點藥，總要好些。」

黃翰文只好把胸前的鈕扣解開。他一直不敢去找醫生，那兩排深深的齒印醫生看了一定要問，他就無法回答，萬一傳開了怎麼好意思見人？就連廖聲濤和許挹清也不知道這件事。

當黃翰文把左邊袖子褪下，露出一塊紅肉，兩排整齊的齒印，深入肌肉，齒印的周圍已經紅腫發炎，莊靜看了一眼驚叫起來：

「這是怎麼回事？誰咬了你？」

黃翰文的臉一紅，尷尬地沒有回答。

莊靜怔怔地望着他，不自覺地掉下兩滴眼淚，一面用手在傷處旁邊輕輕撫摸，輕輕吁氣，隨後抬起頭來望着黃翰文微微一嘆：

「這人好狠的心，一口咬得這麼深！」

黃翰文向她苦笑。她連忙去藥房買了一小瓶藥粉，替他敷上，從腋下抽出藍方格子手絹裹好，又幫助他穿好衣服。黃翰文感動地在她額上親了一下。

「你得罪了誰？這樣狠狠地咬你一口？」

「一個女人。」

「女人？」莊靜驚地退後一步，一臉的疑雲：「她爲什麼咬你？」

「因爲我傷了她的心。」

「這女人是誰？」

「胡以群的表妹？」

「你怎麼認識的？」

「胡以群介紹的。」

她頭一低，眼淚盈盈欲滴。她知道胡以群是他的同學，介紹表妹給他，那不是有意搗她的鬼？

「妳不要多心，讓我源源本本地告訴妳。」黃翰文看她傷心，握住她的臂膀安慰她。

她聽黃翰文這樣說，連忙抬起頭來，抹抹眼淚，睜大眼睛望着他。黃翰文便把這事的經過詳詳細細說了一遍。

「就是這麼囘事，我眞想不到她會狠狠咬我一口。」

「她由愛生恨，所以咬你一口。」

「如果我變了心，你會怎樣？」黃翰文笑着問她。

「那我只好認命。」她眼圈一紅，悠悠地嘆口氣：「胡以群也眞是！他又不是不知道我們的事情？我也沒有得罪他，何必要存心破壞？」

「妳不提我也不便說。本來許茁琳對我講了一些含血噴人的話，我自然不會相信。胡以群是我多年的同學，想不到他也講了妳一些壞話，不知道他是從那裡聽來的流言？」

莊靜的臉色紅一陣，白一陣，嘴唇發青，忽然兩顆豆大的淚珠一滾，咬咬嘴唇說：

「一定是許茁琳那個狐狸精故意傳出來的？」

「究竟是怎樣一回事？」

她望了黃翰文一眼，突然雙手蒙臉，倒在床上啊的一聲哭了起來。黃翰文連忙趕過去，伏在她的耳邊輕柔地問，她不回答，肩膀聳動，哭得非常傷心，黃翰文輕輕把她扳過來，發現雪白的床單上染了一灘鮮紅的血。黃翰文一驚，連忙把她抱在懷裡，她嘴角還掛着一些血絲。

「你到底受了什麼委屈？快對我講，不要悶在心裡。」

她眼角滾出兩行熱淚，望了黃翰文一眼，又雙手蒙臉，嚶嚶地哭泣：

「我不配愛你！不配愛你！」

「不管怎樣，我不會變心。」黃翰文搖搖她。

「本來我早就應該告訴你，」她放下手望着他：「但我始終鼓不起勇氣！」

她又蒙着臉哭泣起來。邊哭邊說：

「我是拚着九死一生逃出來的，好不容易逃過了重重關卡，逃到鬼門關口。終於被一個老幹部逮住了！你知道那會發生什麼事？」

黃翰文怔怔地望着她，他不知道會發生什麼事？他茫然地搖搖頭。

她突然又大聲地哭了出來，推着黃翰文說：

「翰文，放下我，你走，我不配愛你！胡以群沒有錯，你爲什麼放棄劉孟君？」她哭泣着，掙扎着。黃翰文不作聲，把她抱得更緊，她動彈不得，又吐了幾口鮮血，染在黃翰文的身上。

黃翰文把她平放在床上，拿了一條濕毛巾，替她揩掉嘴上的血，在臉盆裡洗了一會，覆在她額上，輕柔地對她說：

「不要再動，也不必再說了，一切我都明白，妳早點告訴我和現在告訴我沒有什麼分別。狄更司說：『這是一個最好的時代，也是一個最壞的時代。』我們接受命運的安排。我們更應該相愛。不要胡思亂想。我還保存了妳給我的第一封信，保存妳在漢口時給我的第一印象，我始終相信妳的人格。」

莊靜緊緊地抱住他，啊啊地哭泣。他把臉貼在她的臉上，兩人的眼淚流在一起，兩道感情的暴流匯合在一起，沒有界限，沒有痕跡。

第四十六章　竹林幽徑套腳印
故鄉「同鞋」到老聲

黃翰文把莊靜送進醫院住了幾天，檢查結果，證明患了肺結核，而且相當嚴重。黃翰文聽了醫生的報告非常着急，因爲醫生告訴他的還是老辦法：增進營養，躺在床上休息。而這個辦法對於肺病並沒有多大效果，多少肺病患者就是這樣躺在床上等待死亡。

「大夫，請問現在有沒有特效藥？」黃翰文問。

醫生聳聳肩，搖搖頭，賣弄地對他說：

「我已經告訴你，最好的辦法是：多吃雞蛋、牛奶、魚肝油，躺在床上不動。此外沒有什麼特效藥，現在連消炎片都缺貨。」

就是這個死辦法莊靜也不可能辦到。雞蛋、牛奶、魚肝油，這些補品在重慶已經太貴族化了！躺在床上不動她也辦不到，不工作就沒有收入，吃住都成問題，黃翰文自已的收入不夠用，怎麼養得起這種富貴病？

莊靜反而坦然，她知道這種病沒有救，多化錢也是浪費，躺在床上不動更是受罪，黃翰文要她在醫院多住幾天，她堅持不肯。

「這是富貴病，又是絕症，不必化冤枉錢，我還是回學校去。」她說。

黃翰文想不出什麼好辦法，也只好由她。

張總幹事知道莊靜得了肺病，送了一點錢給她，還寫了一封信要王校長特別關照。許超清借了一個月的薪水，交給黃翰文轉送莊靜。

黃翰文把她送回學校，特別囑咐她：

「鄉下雞蛋便宜點，妳每天至少要吃兩個，不必省錢，用完了我自然會想辦法。」

「你自己的身體要緊，我既然得了這個絕症，何必把錢丟進水裡？」

「如果妳早點注意身體，就不會得這種病。」

「冰凍三天，已非一日之寒，你遇到我時，病已經上身了。」

「不管怎樣，從現在起，注意營養，少做事，多休息，還是會好的。」

「就是馬上死掉，我也瞑目。我總算眞正活過，愛過，現在我很快樂，你不要替我難過。」

她掠掠鬢邊的散髮，向黃翰文微笑，臉上有一層淺淺的紅暈。

黃翰文看她這樣子，也稍稍寬了一點心。

她陪黃翰文在竹林幽徑散步，黃翰文要她以後多在這一帶散散步，呼吸新鮮的空氣。

「就是沒有病我也會在這裡散步，這裡不但空氣好，尤其幽靜。一走到這裡我就會想起你，我常常一個人癡癡呆呆地在這裡尋找你的腳印。你看，這就是你的。」她指指路旁一個新腳印說：「看見了你的腳印，我就像看見了你，上次你個把月沒有來看我，我每天早晚都到這裡來一次，看到你的腳印，我心裡也好過些。」

黃翰文被她說得心頭一酸，眼圈一紅，叫她不要再說。她拉着黃翰文指着路邊的濕地說：

「你在這裡踩兩個腳印，這裡不會有人踏掉。」

黃翰文望着她，她把黃翰文輕輕一推，他邊照她的話踩了兩個深深的腳印。她看了很高興，上前一步，把自己的腳套在裡面踩了一下，站在一邊指着兩個重複的腳印說：

「我們家鄉講究同鞋，還不比同鞋更好？」

黃翰文看她那樣癡心，更加憐愛，擁着她吻了一下。她掙扎着退開，黃翰文一楞，她急忙解釋：

「我有病，怕會傳染給你。」

黃翰文不禁感慨萬千，握着她的手久久不放。

「以後每個禮拜天，我一定來看妳。」

「不必，寫封信就行了。」

她替她整整衣領，口袋，拂拂他披在軍帽外的頭髮，又指指那兩個腳印：「我想念你時，會來看看你的腳印，這樣我就心滿意足了。」

黃翰文捧着她纖秀蒼白的雙手，親了一下，黯然離去。

這個禮拜天的大清早，她就在這條幽徑散步，吃過早飯後又在這裡徘徊，雖然她嘴裡叫黃翰文不要來，心裡却非常想念他，

黃翰文一吃過早飯就從重慶動身，他搭了一段路的木炭車，提了一小簍雞蛋，步行到學校來莊靜望着黃翰文遠遠地走來，喜極流淚，連忙抽出手絹把眼淚揩乾，滿臉含笑，走出幽徑，向黃翰文招手。黃翰文看見她便加快腳步，跑了過來。她看他手上提了一簍雞蛋笑着責怪他：

「你怎麼買這麼多雞蛋？我那裡吃得了？」

「每天多吃兩個，不到半個月就吃完了。」黃翰文握着她的手說。

「蛋留久了會壞的，你不要外行。」

「妳天天吃就不會壞，吃到肚子裡還怕它變小雞？」

她嗤的一笑。

「這幾天身體怎樣？」黃翰文關心地問。

「好些。」她故意寬慰他，其實她又吐了兩次血。

她和黃翰文走進路口一家小飯舖，因爲快到吃午飯的時間了，她和黃翰文要在這小飯舖裡吃一頓午飯。她不願意在學校打擾別人。最近她自己的伙食也是單開，盌筷自備，免得傳染。鄉下的小飯舖看見有客人上門，自然熱忱招待，他們知道莊靜是學校裡的教職員，格外客氣。那位三十來歲的老闆娘，看見莊靜和黃翰文的親愛樣子，以爲他們是一對新婚夫婦，他們一坐定，她便指着黃翰文問莊靜：

「莊老師，這位官長是妳先生吧？」

莊靜望望黃翰文，不知道怎樣回答好？黃翰文連忙向老闆娘點點頭，莊靜得意地笑了。

「我說麼！龍配龍，鳳配鳳，像莊老師這樣的人品，一定能配個[illegible]。」老闆娘得意地說。

「老板娘，我們下江的田雞一到春天就呱呱叫，妳把我比作田雞了！」黃翰文笑着說。

「啊唷，罪過，罪過！」老闆娘雙手合十：「我婦道人家不會講話，你官長也會錯了意。我是說你官長了不起，我們四川的蛤蟆可不是那個叫法。」

「朗格叫法？」黃翰文打着四川腔問她。

老闆娘鼓起兩腮，「嘓——嘓——嘓——」地叫起來，逗得黃翰文大笑，莊靜也笑得連連咳嗽。

黃翰文恭維了她幾句，老闆娘高興地走到灶下塞了一把柴火，又趕了出來，莊靜告訴她：

「老板娘，妳的飯菜照弄，我自已再弄個炒蛋。」

「莊老師，我這中伙舖本來只給抬橋的、挑腳的打尖充饑，沒有什麼好菜；妳自已弄樣還可口的菜，我也好多賣兩鉢飯。」老闆娘打趣地說。

豆腐、白菜、蘿蔔炒肉片和蛋湯很快就弄好了，飯是甑蒸的，不必再弄。莊靜拿了四個雞蛋敲在碗裡，調好佐料，笑着對老闆娘說：

「老板娘，得罪妳火燒大一點。」

老闆娘立刻加了一把茅草，火熊熊地燒起來，油一冒煙，莊靜便把蛋往鍋裡一倒，用鍋鏟迅速地炒了幾下，火候一到，立刻剷到盤中，又黃又香。她把盤子送到黃翰文的鼻子上要他聞聞，笑着問他：

「初次下廚，你看怎樣？」

黃翰文看了幾眼，聞了一下頻頻點頭。

她用筷子夾了一塊送到他嘴邊：

「再嚐嚐看？不知道火候够不够？」

黃翰文一吃到口，覺得又香又嫩，鹹淡恰到好處，一連說了兩個好字，她這纔放心地笑了。

老闆娘站在旁邊看了，羨慕地說：

「唷！兩位到底是讀書人，懂得恩愛。我那個死鬼對我老是[illegible]吹鬍子，瞪眼睛，好像老娘前世挖了他的祖墳？」

他們兩人聽了也不禁噗哧一笑。

這頓飯黃翰文確實多吃了一盌，莊靜勉強吃下一盌。

飯後他們坐了一會，莊靜兩頰緋紅，精神不好，黃翰文伸手在他額上摸摸，覺她有點燙手，連忙送她回學校。

她挽着黃翰文慢慢行走，走進竹林，笑着對他說：

「今天我很高興。」

「什麼事高興。」

「第一，你吃了我親手弄的炒蛋。」

「第二——」她欲言又止。

黃翰文望着她，她纔訕訕地說：

「老板娘誤會我們是夫妻，幸好你沒有否認，賞了我一個大面子。」

「我爲什麼要否認？妳身體好了我們馬上結婚。」

「只怕我好不了。」

「妳應該有信心，這不一定是絕症。」

「但願天從人願，我眞希望和你廝守一輩子。」

走了一段路，她顯得很吃力，一回到寢室，便往床上一躺。黃翰文替她脫掉布鞋，蓋好被子，坐在旁邊照顧她。她要黃翰文回去，她說睡一覺就會好些。

黃翰文坐了很久，她一再催促他回去。

黃翰文把茶水和應用的東西都放在她手邊，在她唇上輕輕一吻，起先她想躲避，終於含着眼淚讓他吻了一會。

她一再催促他走，黃翰文只好悵然離開。

第四十七章　黃鼠狼向雞拜年　莊靜女借花獻佛

劉孟君以保送深造的名義送到延安去了。她不知道這是許亞琳的詭計，還以爲是上級栽培她，提拔她，她幾乎是以回教徒朝聖的心情去延安的。雖然她對黃翰文未能忘情，但在無可奈何的情形下，「革命的情感」終於壓制了「個人的情感」。

許亞琳把她送走之後，心裡彷彿去掉一塊大石頭，輕鬆多了。當廖濤濤告訴她莊靜害肺病吐血的消息，暗中更喜不自勝，在表面上却裝作十分的同情，還特地買了幾罐奶粉慰問莊靜。

莊靜對於她的突然造訪，似喜還驚，她覺得許亞琳彷彿是一個幽靈，無論她到什麼地方，許亞琳總會找到，她不禁問：

「妳怎麼知道我在這裡？」

「廖聲濤告訴我的，」許亞琳故示好意地說：「如果他不說，我還不知道妳生病呢！唉！黃輸文這人眞不夠交情，妳病了他也不告訴我一聲！」

「謝謝妳，我沒有什麼大不了的病，也不願意打擾任何人。」

「我們是同志，又不是外人，還有什麼關係？」

「求求妳，請妳別再說我們是同志，」莊靜把『同志』兩個字說得十分沉重，她一聽到就感覺害怕。

「莊靜，我知道妳有點恨我，是不是？」

許亞琳把話說得太明白，莊靜反而不知道怎樣回答纔好？遲疑了一回纔說：

「這不單是我們兩人之間的問題。」

「其實組織愛護每一位同志，組織要我來看妳完全是一番好意，沒有任何目的。」

「不管怎樣，我也不能接受妳這好意。」

「莊靜，妳這樣說那我只好走了？」許亞琳站起來[illegible]一笑。

「身體不好，我不送妳了。」莊靜順水推舟。

「好，我不打擾妳，」許亞琳並不生氣，反而握握她的手：「希望妳早點好。」

莊靜發現奶粉沒有帶走，連忙拿起奶粉追上兩步大聲地對她說：

「奶粉請妳拿回去。」

「千里送鵝毛，無非一片心。」許亞琳回頭一笑：「妳留着吃好了。」

莊靜迷惘地望着許亞琳的背影，不知道她又搞什麼鬼？

第二天黃翰文來時發現那幾罐奶粉，笑着問莊靜：

「誰送的？」

「許亞琳。」她說。

「她心腸還不算壞。」

「狐狸送禮，還安什麼好心？」

「也許我們對她的誤會太深？但願不要錯怪了人？」

「翰文，你心地忠厚，還沒有澈底瞭解他們。」她輕輕地撫摸着黃翰文的臉說。

「我就怕冤枉了人，其實她用不着巴結我們。」

「所以，這纔有點兒過份，有點兒出乎常情。對這種人最好[illegible]當心。」

「希望妳沒有錯。」

「假如我能活下去，我相信不會再上她的當了。」

「不要說喪氣話，身體怎樣？」。

「你看呢？」。

「我看好些。」

黃翰文的話鼓舞起她一線希望，她扭扭手絹，喃喃地說：

「我也希望好起來，免得你操心。」

「早點好我們早點結婚。」

她嬌羞地望了他一眼，把頭靠在他的懷裡。過了一會，又微微抬起頭來問：

「劉孟若最近沒有找你？」

「沒有，」他搖搖頭。「妳怎麼突然問起她來？」

「別作賊心虛，」她打趣的說：「隨便問問有什麼關係？」

「我一點也不心虛。」他笑着回答：「她那天一氣跑掉之後，連她的影子也沒有看見。」

她滿意地一笑，摸摸他的手臂：

「傷口好了沒有？」他點點頭。

「要是別人問你，就說種了牛痘。」她淺笑地說。

「妳別替我解嘲，誰相信[redacted]？」

「這倒是一個很好的紀念。」

他把她擁在懷裡，在她耳邊輕輕地說：

「不要談這些了，妳應該多多休息。」

莊靜今天精神很好，並沒有把話收歇下來，黃翰文不忍拂她的興[redacted]，一直陪她談到天黑，這纔不得不走。

「許亞琳的奶粉，麻煩你帶回去還給她，我不想要。」莊靜拿起那幾聽奶粉遞給黃翰文。

「妳還是留下吧。我們給她留點面子。」黃翰文說。

第四十八章　終身事楚河漢界
不戀愛捷足先登

黃翰文回來時已經九點多鐘，許挹清迎着他笑嘻嘻地說：

「我還以爲你今天不會回來呢？」

「怎麼能不回來？」黃翰文坐在床上，望着許挹清說。

「你就在莊靜那邊過夜不是很好？」廖聲濤向他擠擠眼睛。

「我在那裡過夜，莊靜怎麼做人？」黃翰文問。

「國難期間，一切從簡，你何必劃什麼楚河漢界？」廖聲濤說。

「這是終身大事，不能像你一樣隨便胡來。」

「我們只看到你談戀愛，不知道那一天纔看到你結婚？你看，洪通[redacted]就請我們吃喜酒了！」廖聲濤說。

「怎么？洪通結婚了？」黃翰文不大相信。

「那不是他的喜帖？」廖聲濤把嘴向竹桌角上一歪，黃翰文纔看到一截壓在書底下的紅帖子。他抽出來[redacted]一看，跳了起來，眞的是洪通結婚，而且女的是小鳳——那個岳陽小姑娘。這張帖子在路上旅行了兩個多禮拜，婚期已經過了兩天了。

「眞想不到洪通會和孫小鳳結婚？」黃翰文又對着帖子端詳了一會。

「憑他那份德性，孫小鳳居然嫁他？眞是一朵鮮花插上牛屎巴！」廖聲濤鼻子一聳，作了一個怪相。

「說正經話，洪通這份禮我們怎樣個送法？」黃翰文問。

「折現怎樣？」許挹清說。

「我看乾脆，我們三人買一張虎皮紅紙，寫幾個大字算了。」廖聲濤說。

「那[illegible]不像話，我們合夥買個被面送他怎樣？」黃翰文說。

「對不起，我兩手空空。」廖聲濤兩手一攤。

「你的錢呢？」

「一個月關幾個餉錢？坐幾次茶館不就光了？」

「你是不是塞了狗洞？」黃翰文知道他常在許亞琳那邊泡，以爲他把錢化到她身上去了。

「許亞琳給我倒貼。我那有錢化在她身上？」

「那我和挹清湊份子買個被面，你掛個名好了。」

「順水人情，那倒使得。」廖聲濤厚顏地樂意從。

可是他們倆人也沒有多少錢，莊靜生病，不但黃翰文全力支持，許挹清也幫助不少，他們商議結果只好改送別的紀念品了。

第二天他們三人一起上街選購紀念品，左選也不成，右選也不成，不是東西不合適，就是錢不夠，恰好碰上了胡以群，廖聲濤一把拉住他，要他合夥送禮。

胡以羣點頭同意，他們又跑到百貨店去還贖被面，做了幾個金字釘上，當時就寄出去了。

「想不到我們這些光棍當中，洪通倒先結婚？以群，你有對象沒有？」廖聲濤問。

「我不想揹這個包袱。」胡以羣說。

「秤桿總要有個秤鉈，你難道當一輩子的高射砲兵？」廖聲濤傻笑。

「有錢能使鬼推磨，野草閒花多的是。」

「你不怕長楊梅瘡？」

「只有初出道的[redacted]兒才會害風流病。」

「唷，想不到你還是個老嫖客？」廖聲濤笑了起來。

「這有什麼大驚小怪？那個貓兒不吃魚腥？」

「你表妹呢？怎麼不帶來玩玩？」廖聲濤忽然想到劉孟君。

「你不提猶可，提起來我就冒火。」胡以羣望望黃翰文：「我好意替他介紹，想不到他是鐵石心腸？把她氣跑了，我找遍了重慶，也不見人影！」

「對不起，」黃翰文[redacted]地說：「想不到她竟這樣認[redacted]真[redacted]？」

「人怕傷心，樹怕剝皮，你傷了她的心，她自然負氣出走了！」

黃翰文一再向他道歉，他轉問黃翰文：

「莊靜的病到底怎樣？」

「這不是傷風感冒，不是三兩天能好的。」黃翰文說。

「還是富貴病，你有多少錢化？」胡以羣問他。

「盡其在我。」

「當初你如果聽我的話，就不會惹這一身麻煩，孟君的身體比莊靜好多少！」

「你表妹眞是個現代美人。」廖聲濤說。

「他偏偏愛上了還麼個林黛玉，怪誰？」

「愛情是個很難解釋的事情。」

「我纔不談什麼鬼的愛情！洪通不是不聲不響地結了婚？」廖聲濤不屑地說。

「有些人只知道結婚，並不懂得愛情。」

「別唱高調了！」胡以羣白了黃翰文一眼：「說穿了，還不是那么回事？熄了燈不都是[redacted]」

「妙論！妙論！」廖聲濤哈哈大笑。

黃翰文不再接腔，瞪了廖聲濤一眼。廖聲濤識趣，向胡以羣搖搖手：

「不要再說，我們的賈寶玉要生氣了！」

胡以羣乘機走開，黃翰文望望廖聲濤說：

「以群簡直把女人當作玩物！」

第四十九章　趕夜路披星戴月
話田園綠野平疇

山城的霧季過去以後，日機空襲隨着增加，不僅白天來，夜晚也來。弄得整個山城人心惶惶，不可終日。

六月五號那天晚上八點多鐘，黃翰文他們剛洗過澡，正準備出去坐茶館，擺龍門陣，剛一出門，警報器就「嗚——嗚——」地響了起來。

最近的空襲警報常常連着緊急警報，緊急警報不久飛機就嗡嗡嗡地到了上空。大家有了這個教訓，警報一放，人就像秋風捲落葉般在街上飛滾，跌倒了爬起來，爬起來又跌倒，就這樣跌跌撞撞地跑進防空洞。

附近的小防空洞很快擠滿了人，廖聲濤看情形不對，邊跑邊對黃翰文說：

「較場口的大隧道安全，我們跑到那邊去？」

「來不及了，還是在附近躲躲。」黃翰文喘着氣回答。

這時緊急警報殺豬般嚎叫起來，婦人孩子都哇哇地哭叫，越跑腿子越軟，三步兩步跌一跤。

黃翰文隨手抓起一個跌倒的孩子往路邊的防空洞裡拖，他們三人僅僅佔到防空洞門口的一席地，勉強可以掩蔽身體。

初進防空洞時大家都拚命往裡擠，似乎越到裡面越安全，等到時間稍稍久一點，悶得受不了，又都想擠到門口來呼吸一點新鮮空氣。防空洞裡的秩序因此很難維持。

這批飛機在山城上空兜了幾個圈子投過一批炸彈就走了，可是警報一直不解除，過了幾十分鐘又來了一批飛機，投了一批炸彈，兜幾個圈子又走了。那樣來來往往，直到快天亮，纔解除警報，人人弄得精疲力竭。

這次日機輪流轟炸，市區損失不小。較場口大隧道那方面，大卡車出出進進，神祕，緊張，幾十部大車，來往運了很久，纔算運完。這消息不脛而走，黃翰文他們很快就知道大隧道那邊發生了慘案，躲在裡面的人因爲空氣不流通，都窒息死了，他們有兩個同事就死在裡面。死的人身體發青，有的手足彎曲，有的嘴巴張開，七竅流血，樣子非常慘。

大隧道慘案不僅很快地傳遍重慶市，繪聲繪影，談論紛紛，而且很快傳到四郊，中午就傳到莊靜的學校。

莊靜最近又吐了兩次血，沒有讓黃翰文知道。她的精神本來不大好，聽到這消息，心中非常不安，生怕黃翰文會發生意外，她所聽到的消息比實際情形還要壞，傳話的人都要添油加醋，把事實說得十分嚴重。

莊靜在房裡急得團團轉，忽然一陣嗆咳，又吐出兩口血來。

她越想心裡越不安，彷彿看見黃翰文倒臥在血泊裡，斷手斷脚，腸子拖在外面……

她不顧一切，向學校請了假，收拾了一下，便動身往重慶去。

她先到路邊那個小飯舖，拜托老闆娘替她雇一鑿滑竿，結果沒有一個人肯去重慶，只能送她到汽車站，要她轉搭汽車往重慶。她沒有辦法，也只好如此。

到汽車招呼站等了一個多鐘頭，等得腿軟眼花，纔等到一班木炭車，擠了上去，車子顚顚簸簸，比坐滑竿難受多了！

勉强挨到重慶，她已體力不支，臉色慘白如紙。一見到黃翰文就向他身上倒去，黃翰文大驚失色。他不知道她爲什麼跑到重慶來？

「究竟是怎麼一回事？」黃翰文扶着她，焦急地問。

「沒有什麼，」過了一會她向黃翰文笑着說：「我來看看你。」

「城裡炸成這個樣子，你何必跑來？」

「就是因爲炸得厲害，我纔趕來。」

「你看，我不是好好的？」

「你不知道謠言多可怕，死了好多人是不是？」

「聽說死得不少，幸好我們沒有躲到那邊去。」

「我不知道你躲在那裡？心裡瞎猜，越想越怕。」

「你的身體要緊，何必為我躭心？」黃翰文攏撫她的頭髮。

「只要你一切都好，我就安心了。」

黃翰文怕晚上又放警報，不讓她住在城裡。帶她在一個小館子吃了一點麵食，託茶房僱滑竿送她回去，茶房去外面走了一趟，回來直搖頭：

「沒有辦法，城裡炸成這個樣子，有錢的人都往鄉下跑，滑竿兒成了老來嬌，加一倍價錢都雇不到。」

黃翰文只好陪她去趕最後一班木炭車，總算趕上了。車子不能直接到她學校，那邊還有一段路走，他不放心讓她一個人回去，陪她一道上車，車子在中途招呼站停下時，天就黑下來了。

黃翰文想僱滑竿，找了幾戶人家，都說天黑了，不肯去。這裡又沒有旅館，只好扶着她走。

這是一個無月的夜，滿天星斗，星光像鑽石一般閃閃爍爍，和以前莊靜的大眼睛一般明亮。阡陌間流螢來往飛翔，流光閃動。

她們迤邐前行，一路上黃翰文看她有點喘氣，扶着她坐在一塊大石上休息，她靠在他的胸前，用手撫摩着他的臉，輕輕對他說：

「今天這麼晚了，說不定等會又放警報，你不要回去冒險。」

「不回去我到那兒睡？」

「在我床上擠擠好了。」

「人言可畏，這對妳的面子不太好看。」

「為了你，我還計較什麼？」

「等妳好了我們早點結婚。」

「不是我說喪氣話，我恐怕好不了？」她終於流下兩行清淚。

「我早對妳說過要有信心，妳怎麼信心又動搖了？」

「我何嘗不希望早點好？」

「那我們提前結婚好了。」

「這怎麼成？」她搖搖頭：「我這樣子對你沒有一點光彩。要是兩年以前，別人也許會說我們是天造地設的一對？」

「將來我們結婚時，還不是一樣？」

她不作聲，望着銀河兩岸的牽牛織女出神。過了一會她又向他說：

「你要避嫌，難道睡露天不成？」

「我還是趕回重慶。」

「我不放心。」她搖搖頭。

「不知道那小飯舖的堂屋裡可不可以搭張舖？」黃翰文忽然想起路邊的小飯舖。

他們兩人又繼續行走，走了三十多分鐘纔到達那個小飯舖。老闆娘看他們摸黑趕來，先是有點驚訝，隨後又急着向他們打聽重慶的情形。

「莊老師，重慶到底炸成朗格樣子嘛？」

莊靜咳嗽，沒有回答，黃翰文簡單地告訴她，她聽了兩手一拍：

「天殺的日本鬼子！簡直把我們中國地方糟塌得不成樣子！可惜老娘不是男子漢，不然非報仇不可！」

「那你要老板去打日本好了。」黃翰文說。

「這可不行，」她忙不迭地說：「他當兵去了，我們一家人吃啥子？」

「妳老板在不在家？」

「當兵，死鬼常年在外面打流，不在家。」她搖搖頭，生怕黃翰文拉壯丁似的。

「你老板不在家，我就不能在妳這邊睡了。」

她望了黃翰文幾眼，又打量了莊靜一下，咧咧嘴說：

「你為啥子要在我家裡睡？你們夫妻倆睡在一塊不是很好？」

「她的竹床太窄，我的個子不小，不好睡。」黃翰文笑着支吾。

「這麼說你就在我堂屋裡將就一夜，」老闆娘慷慨地說：「破竹床不要租錢。」

「老板娘，你老板不在家，我怎麼能在妳府上過夜？」

「富長，請你不要見怪，剛才我怕你拉壯丁，撒了一個謊。」

黃翰文不禁失笑。她忙着收拾桌椅，搬出竹床，一片殷勤。莊靜一再道謝。

學校的人都以為莊靜今天不會回來，她們兩人來時沒有人注意。莊靜打開房門，點亮桐油燈好久，女工纔走了過來，替她灌了一瓶開水。

黃翰文替她冲了一杯牛奶，把應用的東西放在床邊，轉頭對她說：

「我走了，妳早點睡。」

她把黃翰文送到門口就退了回去，她的精神實在支持不住，一倒在床上就掉下幾顆眼淚，她覺得和黃翰文同衾共枕的希望是太渺茫了。

第二天一大早，黃翰文剛剛起床，莊靜就趕來了。

「妳怎麼起得這樣早？」黃翰文連忙迎上去。

「看你，順便呼吸一點新鮮空氣。」她說。

「妳每天都起得這麼早？」

「不，比今天晏一點。」

「小心早晨的風露，千萬不能着涼。」

「不會的，我加了一件毛衣。」她笑着指指身上的紅毛衣，還是在荒貨攤上買來的。

黃翰文匆匆地漱口、洗臉，囑咐老闆娘預備兩份早餐，隨即挽着莊靜在竹林裡散步。

竹林裡的空氣特別新鮮，一走進去立刻身心舒暢，竹葉上沾滿了細如粟米的露珠，更顯得青翠欲滴。

「田園生活實在比都市好。」黃翰文放眼望望遠山近樹，蒼翠的竹林和縱橫的阡陌說。

「田園生活適宜於心情淡泊的人，像廖先生那樣的人就不一定歡喜。」莊靜說。

「等戰爭結束，我們就歸隱田園好了，」黃翰文笑着說：「妳願不願意在鄉下住？」

「我本是在鄉下出生的，七歲以後纔進城讀書，每年暑假一定要下鄉去，採採菱角，釣釣魚，眞有意思。」她眉飛色舞起來。

「上有天堂，下有蘇杭，妳們鄉下一定更好？」

「平疇綠野，水榭池塘，一片江南風光。」

「我家自然比不上姑蘇，不過面臨長江，屋後也有一大片池塘，釣魚也好，採菱也好，我們可以過過沈三白和芸娘的生活。」

「以前我在福中不知福，住過延安窰洞，纔知道好歹，要是我有命回家，那該多好？」

「不要喪氣，我一定陪妳長住蘇州。」

「惟願老天見憐。」她喃喃自語。

他們在竹林裡散步了二三十分鐘，莊靜的精神比昨天好得多，黃翰文更陶醉在清脆的鳥聲和新鮮的空氣裡，重慶的緊張生活，使他透不過氣來，難得這樣輕鬆悠閒一下。

他們回來時老闆娘已經在桌上擺好了兩個人的碗筷，一碟豆腐乳，一碟醃菜，一小盤炒蛋。

黃翰文又向老闆娘要了兩個生雞蛋，給莊靜拌稀飯。

他們吃稀飯時，老闆從後面走了出來。他穿着一件舊藍布長衫，腳上套着一雙新蔴草鞋，蔴草鞋尖上有兩個綠絨球。他的臉又黃又瘦，一看就知道是個大煙罐子。

黃翰文向他點點頭，他向黃翰文拱拱手，黃翰文打趣地說：

「老板，幸好你昨天晚上在家，不然我眞不敢在府上打擾。」

「官長，你禮數太多，出門人哪個頂着屋子走路？」他很有禮貌地回答。他的舉止談吐很像跑過幾個水陸碼頭的袍哥。

黃翰文和他通過姓名，莊靜纔知道他叫林文炳，她很少看見他，連老闆娘姓什麽也不知道，彷彿「老闆娘」三個字就是這個小飯舖和這家人的代名辭。

林文炳和黃翰文攀談了一陣，四川人都會講話，林文炳有兩片薄薄的嘴唇，又跑過碼頭，有點江湖氣概，她比黃翰文大十來歲，口口聲聲還是「你哥子，你哥子。」黃翰文覺得他洒脫和氣，也願意和他談談。

飯後黃翰文照價付錢，另外加了一倍的小賬，作爲借宿的報酬，老闆娘起初不肯接受，看到丈夫無精打彩地打了一個呵欠，只好靦覥地接下了。

黃翰文動身時太陽已經爬上山頂，青翠的山峯彷彿戴上一頂金冠，金光閃閃。

莊靜送他走了一段路，黃翰文催她回去，她柔情萬種地對黃翰文說：

「要是遇上了警報馬上轉來，不要硬着頭皮往城裡跑，免得我提心吊膽。」

「妳不要丈二蠟燭，照得見別人照不見自己。」黃翰文笑着囑咐她，恰好來了一輛木炭車，匆匆跳了上去。

他趕到辦公室，剛好八點正。打開抽屜拿出兩件公文，簽稿並呈地辦好，立刻送到曹科長房間去，曹科長望了他一眼，想講什麽沒有講出來。

他看許挹濤在埋頭工作，沒有過去打擾。廖聲濤坐在位子上喝茶抽煙，優哉游哉，還不時找別人聊天。他一天難得辦三兩件公文，凡是能推的他一定推掉，決不承辦。萬一不能推的，他再看看有沒有時間性？如果不是急件，他便往抽屜裡一塞，十天半個月也不拿出來。有一件公文壓了一個多月，他完全忘記了，要不是曹科長提起，他就想不起有那回事。抽抽煙，看看報，聊聊天，躲躲警報，一天很快地就過去了。

這天白天又放了一次警報，剛好是快吃午飯的時候，大家都空着肚子躲警報。這一躲就躲了兩三個鐘頭，大家肚子餓得咕咕叫。廖發濤不時走到防空洞口，想買點什麼，總是被憲兵擋了回來，他在防空洞裡罵日本人混蛋，罵憲兵不通人情。

警報解除後他首先跑出防空洞，看到馬路旁邊有一個賣花生芝麻糖的小販，他抓起一把芝麻糖就往嘴裡塞，噝噝嗦嗦地大嚼起來。小販望着他眼睛骨碌骨碌地轉，數數芝麻糖，算算他這一把究竟抓了多少？

黃翰文和許挹清看見他在馬路旁邊吃東西，把他一拉，要他到對面一家小清眞館子去吃牛肉麵。

小販向他要錢，他拍拍口袋，哈哈一笑：

「對不起，我一個銅版也沒有。」

小販急了起來，哭訴着說：

「官長，我是小本生意！你怎麼能白吃？」

黃翰文掏出一張鈔票遞給小販，小販陪着笑臉，連聲多謝，還找了他一根芝蔴糖。

「你沒有錢怎麼隨便吃人家的東西？」走進清真館子，黃翰文責問廖聲濤。

「我肚子裡早就放緊急警報，沒有錢不吃東西，我不活活餓死？」廖聲濤說。

「要是我們兩人不來，你不出洋相？」

「管它的，吃飽了再說。」

廖聲濤滿不在乎，巴掌一拍，大聲地對夥計說：

「夥計，牛肉麵，三碗，快！」

夥計一面答話，一面應付別的客人，空着肚子躲警報的人太多，這時都蜂湧來了。

等了好半天，纔草草地吃了一碗牛肉麵，許挹清付了錢，三人一道出來。

市面像打擺子似地又熱鬧起來，大家搶着作點生意，賣掉了一樣多撈回一點本錢。在這種日子裡，城裡人都深深感到生命財產毫無保障，活一天算一天。

在路上他們碰見許亞琳，許亞琳連忙向他們打招呼，親熱得很。

「那天夜裡大隧道悶死了好幾萬人，幸好你們吉人天相。」

「放心，我們都是千年不死的神仙。」廖聲濤拍拍自己的胸脯笑着對許亞琳說。「那天晚上妳在那裡？」

「我在化龍橋。」許亞琳說。

「那妳安心睡大覺？」

「還不是在防空洞裡受了一夜罪！」她嘴巴微微一嘟：「你們躲在那裡？」

「一個小防空洞裡。」

「命大！」她望着他們一笑，又指指黃翰文：

「那樣大的慘案，你也不寫首詩？」

黃翰文沒有作聲，莊靜的病和不斷的警報弄得他心力交瘁。

「很多詩人都寫了，過幾天我們要出一個控訴日本軍閥暴行的詩特輯，你也應該寫一首，」

「過幾天再看。」黃翰文心不在焉地回答。

「寫好了交給他，」她指指廖聲濤說：「或者直接寄給我，我們一定要用我們的筆投日本帝國主義擲。」

「妳別吹豬尿泡！」廖聲濤[illegible]說：「日本鬼子不是紙老虎。」

「打仗不完全靠槍桿，有時筆桿的力量更大。就看你懂不懂得用它？」許亞琳掃了廖聲濤一眼，笑着走了。

第五十章　有意栽花花不發
無心插柳柳成蔭

黃翰文終於寫了一首一百多行的詩，他沒有交給廖聲濤，也沒有寄給許亞琳，却悄悄地投到另外一家晚報。

三天後，原稿退了回來，信封上還寫了「退稿」兩個字。正好廖聲濤接到這件退稿，便把它交給黃翰文，黃翰文把信封拆開，一眼看到編者寫的「稿不合用」這幾個紅字，氣得把稿紙撕得粉碎。

廖聲濤一聲不響地把撕碎的稿紙統統拾起來，往口袋一塞。

這天晚上，廖聲濤偷偷地把黃翰文撕得粉碎的稿紙拼湊起來，抄了一遍，交給許亞琳。許亞琳看過之後感慨地說：

「黃翰文的確很有才華，他這首詩眞是擲地有聲！決不遜於當今第一流的詩人。如果他不把我當作仇人，保險他的詩可以在第一流的文藝雜誌刊登。」

「妳先把這首詩發表了再說，以後我勸他多寫一點。」廖聲濤說。

許亞琳笑着把詩稿塞進了皮包。

廖聲濤和她胡鬧了一陣，也就走了。

星期天早晨，廖聲濤特別從報販手裡買了一份新華報，翻開一整版的詩特輯，赫然發現黃翰文那首詩登在正中間，還加了花邊。這一期的詩作者都是全國最權威的詩人，只有黃翰文的名字陌生，副刊編輯還在「編者的話」裡特別推薦，說他是「中國詩壇的慧星。」

廖聲濤看了非常高興，把報紙摺好帶回，漫不經心地交給黃翰文。

「你怎麼買新華報？」黃翰文問他。

「它能賣我就能買，爲什麼大驚小怪？」廖聲濤輕鬆地回答。

黃翰文打開報紙看看大標題，瀏覽了一遍又翻過一面，看到第二張的詩特輯，發現自己的詩也刊在上面，他先是一怔，隨後問廖聲濤：

「這是怎麼回事？」

「我不知道。」廖聲濤故意裝糊塗。

「一定是你搗的鬼！」黃翰文忽然想起那天廖聲濤把他撕碎的稿紙拾起來塞進口袋的事。

「難道它自己會跑到新華報去？」

廖聲濤終於忍不住嗤的一笑，黃翰文責怪他說：

「你不徵求我的同意，怎麼把稿子交給許亞琳？」

「翰文，你眞是敬酒不吃吃罰酒，我替你出了這口氣，你還不領情？」廖聲濤理直氣壯地指指編者的話：「你看，人家把你捧上九重天，這不比拋進字紙簍裡好？」

黃翰文隨他手指的地方看下去，看到關於自己的那段話，也不禁喜上眉梢。

「以後還是多寫一點，讓我交給許亞琳，保險你可以成名。」

「憑許亞琳的關係爬起來，也沒有什麼光彩。」

「貨賣識家，你何必到處碰壁？」

廖聲濤把黃翰文一拉，要黃翰文請吃早點。他們同去一個熱豆漿攤，賣豆漿的是山東人，豆漿很濃，油條燒餅又火又香。廖聲濤吃了雙份。

他剛吃完，警報器就「嗚——嗚——」地響了。他拔起腿來便跑，黃翰文付過錢和許艷清一道追上去，賣豆漿的也慌慌張張地挑起擔子走了。

這只是一場虛驚，飛機並沒有來，一個上午却被它消耗掉了。

吃過午飯，黃翰文去看莊靜，他把那頁詩刊帶給她看，說明經過情形，莊靜愉快地說：

「雖然我恨他們，但我希望你早點成名。」

「我決定不走他們這條路。」黃翰文說。

「你一個人打單，很難出頭！他們在這方面很有一套，捨得花錢，捨得捧人，許多詩人作家音樂家都願意跟着他們走。」

莊靜突然一陣咳嗽，雙手撫着胸口，顯得很難過。黃翰文連忙替她倒了一杯開水，餵她喝了下去：

「不知道鄉下有沒有好郎中？看他們有沒有什麽偏方？」黃翰文說。

「我問過老板娘，她說找不到這樣一個活神仙。」莊靜悽然一笑。

「學校有沒有校醫？」

「沒有。」

「妳現在怎麽能上班？」

「好一點就去，精神不好就睡在房裡。校長很體諒我，大概是張總幹事特別打過招呼？」

「他這份人情眞重，我一直沒有空去看他。」黃翰文有點內疚。

「他是看在上帝的面上，特別照顧我。你要是去看他，千萬代我問候一下。」

「那當然，我要去也是爲妳。」

「說到做到，那你就早點回去看看他吧？」莊靜催促他。

他眞的提早回來，在兩路口遇着許亞琳，許亞琳迎着他說。

「看到今天的報紙沒有？」

黃翰文點點頭。

「今天我碰到兩位大詩人，他們對你的大作讚不絕口呢！」許亞琳滿臉笑容地說。自己又大大地誇獎了黃翰文一番。

「謝謝妳，只要不在背後罵我就行了。」

「我幾時背後罵過你？」許亞琳嗤的一笑，盯了他一眼。

「你知，我知，天知，地知。」

「我和你說正經話，你怎麼胡扯起來？」

「對不起，我還有正經事，先走一步。」他想起要去看張總幹事，手一揚，拔起腳來就走。

「今天禮拜天，你有什麼鬼事？」許亞琳身子一飄，擋在他的面前：「別走，我請你上冠生園。」

「謝謝妳，改天我再奉陪。」黃翰文敏捷地從她旁邊閃過去。

她怔怔地望着黃翰文的背影，心裡有一種似愛似恨似妬的奇異感情。她突然叫了一聲「黃翰文！」黃翰文回過頭來望了她一眼，她笑着追上去，黃翰文拔腿就走，她一怔，楞在那裡，又羞又惱。

第五十一章　任何主義非宗教
博愛精神不鬥爭

張總幹事熱烈歡迎黃翰文，詳細詢問莊靜的病情，黃翰文照實告訴了他，同時代莊靜致意。

「一個如花似玉的小姐，可惜得了這種絕症。」張總幹事惋惜地說。

「她去學校不久就生病，最近半年來沒有正常上班，若不是您好心關照，她眞就不下去。」

「王校長也是教友，我們教友總是本着耶穌基督愛人的精神去幫助人。莊小姐年輕，又在難中，自然應該關照。」

「她對您會終身感激。」

「希望主能救她。」

「現在有沒有什麼新藥，可以治這種病？」

「聽說美國正在研究一種肺病特效藥，不知道成功沒有？」

「莊靜的病如果沒有特效藥，恐怕好不了？」

「她初來會裡我就覺得她的身體不好，原先我還以爲是婦科病，想不到會是肺病？」

「本來她的身體不壞，在延安一年多把她拖垮了。」

「你們很早就認識？」

「我們是在漢口認識的。」

「她為什麼要去延安？」

「一半是走投無路，一半是[redacted]誘惑。」

「惟願上帝拯救年輕人。」張總幹事禱告似地說。

「年輕人的抗日愛國熱情，完全被人利用了。很多年輕人是懷著一種宗教的熱情去的。」

「共產主義不是宗教。」張總幹事[redacted]搖搖頭。

「共產黨會把[redacted]成[redacted]宗教。我有一個同學就比一般教友還要狂熱，還要虔誠。」

「他現在在什麼地方？」

「延安。」

張總幹事沉默了一會，又搖搖頭說：

「我不相信馬克思會使人產生宗教熱情。」

「為什麼？」

「因為宗教有博愛精神，馬克思講[redacted]鬥爭。」

「他們把馬克思變成上帝，把[redacted]鬥爭變成福音，自然有人相信。中國多的是窮人。」

「你研究過共產主義？」張總幹事神情嚴肅地問

「沒有，」黃翰文搖搖頭，「這只是我個人的淺見。」

「你的話倒很有道理。」

「你們教會有沒有什麼辦法對付他們？」

「沒有，」張總幹事坦率地搖搖頭：「不過我個人覺得共產主義和基督精神是不相容的。」

「不但不相容，簡直是背道而馳。」

「你是根據理論，還是根據事實？」

「根據事實。小時候我看見過他們燒教堂，把聖經踩在腳下。」

張總幹事沉默不語，黃翰文笑着問他：

「小時候我聽過牧師講道，他說如果有人打我們的左臉，教我們把右臉也送過去，聖經上有沒有這回事？」

「有。」張總幹事點點頭。

「共產黨可不是這個樣子，那次有位王牧師被扁擔打得半死，最後他們還潑了他一身尿。」

「那算是一群魔鬼。」張總幹事嘆了一口氣。

壁上的掛鐘噹噹地敲了八下，黃翰文看看時間不早，起身告辭，張總幹事沉重地站起來，拉對黃翰文說：

「來，我們替莊靜祈禱吧！」

張總幹事閉着眼睛，雙手抱在胸前，嘴裡喃喃地說：

「主啊！我們天上的父，請祢救救祢的女兒，救救一個迷途知返的羔羊，她曾經受過[redacted]的誘惑，上過[redacted]當，現在又重新回到祢的身邊，但是她又遭遇到一個新的魔難，[redacted]主啊！我們天上的父，祢是萬能，只有祢的偉大的愛心纔能拯救她，賜福她，救救祢的可憐的女兒吧！阿門。」張總幹事祈禱完畢又在胸前畫了一個十字。

黃翰文從青年會回來，廖聲濤衝着他問：

「怎麽今天又這麽晏回來？」

「我到青年會去了。」

「你又不是教友，去青年會幹嗎？」

「張總幹事幫了莊靜很大的忙，她要我去謝謝他。」

「莊靜的病他有沒有辦法？」廖聲濤以爲張總幹事有什麽特效藥。

「剛纔他替莊靜祈禱。」黃翰文說。

廖聲濤聽了哈哈一笑：

「這不是掩耳盜鈴？」

黃翰文又把他和張總幹事談話的情形告訴廖聲濤，廖聲濤問他：

「你還記不記得那次聶璋教唆我們和教會學校學生打架的事情？」

廖聲濤最後這句話提醒了黃翰文。聶璋不但恨基督徒，還恨教會學校的學生，他罵他們是「洋奴」。有一次他挑撥他們那班同學和一個有名的教會學校學生打架，聶璋力氣雖然不大，可是心狠手辣，他找了一根童子軍棍，把一個教會學校姓張的學生打得頭破血流，也把其他的學生打得東逃西竄。碰巧校長又是一個愛國狂，他們出了亂子，兩個學校辦交涉，校長又把那個教會學校的校長轟了回去。事後，他們不但沒有受處罰，聶璋還被校長大大獎勵了一番。他們這一打可打出了名，以後那教會學校學生見了他們都要讓路，別的學校的學生也畏懼他們三分，遇到球賽或是開運動會，他們無形中就佔了許多便宜。

「如果張總幹事碰上聶璋，連上帝也幫不了他的忙。」廖聲濤傻笑。

第五十二章　送君千里終須別　瘦竹一竿空擺搖

一天，曹科長把黃翰文叫了去，對黃翰文說：

「上面要組織幾個前線視察團，到各戰區去，你和廖聲濤同我一道去九戰區三戰區看看，你的意思怎樣？」

「科長要我去我當然去。」黃翰文說。

「本來我用不着徵求你的同意，因爲我知道你正在談戀愛，你的女朋友又在生病，所以我先問問你。」

「這是公事，那是私事。」

「你的意思很好，但是我不勉强你，能去就去，不能去我再考慮別人，好在還有兩天時間，你去考慮考慮。」曹科長向他揮揮手，他退了出來。

第二天是禮拜天，吃過早飯他就趕到莊靜的學校去，莊靜躺在床上休息，一看見他就高興地坐了起來。

「今天怎麼來得這樣早？」她笑盈盈地問。

「我來和妳商量一件事。」黃翰文在她身邊坐下。

「什麼事？」

「上面要我去前方走一趟。」

「你一個人去？」

「不，和觀察團一道去。」

「那你去好了。」她考慮了一會說。

「這一去最少得個把月。」

「沒有關係，我會照顧自己。」

黃翰文看她臉色更黃，有點躭心，一時拿不定主意。她强作歡笑地說：

「你放心去好了，我不會死的。」

「我的意思是在重慶照顧妳比較方便。」

「這裡有女工，你就是在重慶也不能天天守在我身邊。」

黃翰文一個禮拜只能看她一次，此外再也抽不出時間。他心裡十分抱歉，解開自己帶來的一盒新鮮蛋糕，遞了一塊給她。

「我不想吃。」她笑着搖搖頭。

「吃半個好了。」黃翰文把一塊蛋糕分成兩半。

「我實在吃不下去，如果你一定要我吃，你把那半個也吃掉？」

黃翰文依從她的話，把那半個蛋糕一口吃掉，而她自己的半個蛋糕吃了半天還沒有吃完。

黃翰文倒了一杯開水給她，她勉强吞下。他用被子抵着她的腰，扶着她靠在床頭上，她覺得舒服多了。

「你們什麼時候出發？」

「很快，九戰區的敵人好像又要動手了。」

「希望你不要碰上打仗。」

「妳放心，我們是去觀察，不是去打仗。」

「那你回來時可能在雙十節後了？」

「大概要拖到那個時候，」黃翰文點點頭。「希望我回來時妳的病已經好了，明年元旦我們可以結婚。」

她悽然不語，眼淚一滾。黃翰文替她擦掉，打趣地說：

「妳不願意嫁我？」

「我不嫁你嫁誰？」她眼淚盈盈地說。

他擁着她，她的眼淚沾在他的臉上。

他告辭時她要起來送他，他按着她不讓她動。

他走到房門口，她突然顫聲問：

「你還來不來看我？」

「來！出發以前我一定來。」黃翰文連忙點頭。

星期一上午一上班，曹科長就找他，問他怎樣決定？他說一定去。曹科長還不放心，又追問了一句：

「沒有什麼問題？」

「沒有。」他搖搖頭。

這天下午，名單送了上去，第三天就批了下來，星期六領到了錢，每人先發一部份，黃翰文和廖聲濤階級最低，只先領五百塊。

因為星期天要出發，黃翰文當天下午買了兩聽奶粉，兩筒餅乾去看莊靜，莊靜看見他憂喜交集地問：

「眞要出發了？」

「嗯，明天動身。」

莊靜眼圈一紅，黃翰文拍拍她：

「別難過，我早去早回。」

她擦擦眼淚，强作歡笑，把身子歪在黃翰文懷裡。

「妳歡喜什麼東西？我在江西湖南帶點送妳。」黃翰文問她。

「我什麼也不要，」她搖搖頭：「聽說景德鎮的瓷像燒得很好，你替我燒一個怎樣？」

「好，一定照辦。」黃翰文點頭：「照片呢？」

她隨手從枕頭底下翻出一個皮夾子，從裡面取出一張四寸的半身照片，交給黃翰文。這張照片不但照得清楚，而照片上的莊靜比在漢口時的莊靜還要美上三分！鵝蛋臉，不胖不瘦，一對明眸如古潭秋月，清澈照人，黃翰文看了一眼驚訝地問：

「這是什麼時候照的。」

「離家的時候。」

「以前妳怎麼沒有給我看？」

「看見它我就傷心。」她幽幽地說，眼淚不自覺地掉了下來。

「唉！我眞笨！」黃翰文敲了一下自己的腦袋：「這麼久了我們還沒有合照！」

「不拍也好，免得留下我這個醜模樣。」她自嘲地說。

「不用擔心，妳病好了自然就會恢復原狀，還不是跟這張照片一樣的美。」黃翰文安慰她。

莊靜又望望自己的照片，柔聲細氣地說：

「這張照片你要好好地保存，我沒有給任何人看過。」

「我一定好好保存，世界上沒有比這更貴重的東西。」他在耳邊輕鬆地說：

她欣慰地一笑。

「我一到景德鎭，先把你的瓷像燒好，那就可以永久保存了。」

「你眞會到景德鎭？」

「已經排好了日程。」

「那很好，這眞是個難得的好機會。」

「我會燒兩個最好的瓷像，我們一人一個。」

「一個够了，不要冤枉化錢。」

「那化不了多少錢，這張照片太好。」黃翰文又望望照片。

「我簡直不敢相信那會是我？」她搖頭苦笑。「你看我現在有多難看？」

「不，還是一模一樣，只是瘦一點。」

「不要騙我，不止瘦一點，簡眞像個骷髏了！」說着她又哭了起來。

黃翰文被她哭得心酸意亂，她眞的前後判若兩人。黃翰文暗自耽心，說他不想到前方去了。

她馬上抬起頭，忍住哭泣，揩揩眼淚說：

「你不能打退堂鼓，上面會說你貪生怕死。」

黃翰文好勝，不願意留給任何人的話柄。莊靜這樣說，他也只好改變口氣：

「我不會丟臉，槍林彈雨我也敢去。」

女工走了進來，問莊靜要不要沖牛奶？黃翰文給了她五十塊錢，說了一些拜托的話，女工高興得眉開眼笑，兩手一抄，在小腹旁邊拂了兩下說：

「多謝官長，你不吩咐我也會小心服侍的，這是我們做下人的本份。」

「她身體不好，麻煩妳特別費神。」黃翰文說。

「官長你不用操心，小姐待我太好，我不會忘恩負義。」

「張嫂人很勤快，我也虧她照顧。」莊靜誇獎她。

張嫂聽莊靜說她好，更加高興，黃翰文又拜托了她幾句，她這纔連聲道謝的退了出去。

黃翰文留了三百塊錢給莊靜，莊靜不肯接受。她說她在學校有錢用，黃翰文在路上要錢化，要他留在身邊。

「在路上我還可以領，廖聲濤身上也有錢，妳不用替我耽心。」黃翰文說。

「人是英雄錢是膽，前方不比後方，你還是留着。」

她把錢塞進黃翰文的口袋。

黃翰文又把錢掏了出來，塞在她的枕頭底下，握着她的雙手，輕輕地說：

「我走了，你自己保重。」

她聽說他要走，眼淚撲撲地掉了下來。

她隨手拿起一件紅毛衣，往肩上一披，哽咽着說：

「我送你。」

「外面風大，不必送了。」黃翰文看她弱不禁風，憐惜地說。

「不，我一定要送。」她扶着黃翰文溜下床來。

黃翰文無奈，只好對她說：

「只走幾步，不必遠送。」

她點點頭，挽着他的手，和他一道出來。

秋風從樹頂掠過，飄下片片黃葉。她的長髮隨風飄動，士林布旗袍下擺也不時飄起，她瘦骨嶙峋的身體，看來也像要隨風飄去。

竹林吹着輕輕的口哨，竹葉沙沙，她不自覺地打了一個寒噤。黃翰文要她回去，她搖搖頭：

「你老遠從重慶跑來，我還能省這幾步路？」

她送了又送，黃翰文幾次要她回去她都不肯。她兩腳無力，走得很慢，竹林裡非常陰涼，他怕她着涼犯病，一再要她回去，她堅持要送到路邊。

黃翰文只得扶着她走，她身輕如燕，黃翰文並不吃力，她自己却微微喘氣，嘴唇發靑。

「不要再送，妳看妳的嘴唇發青了。」黃翰文有點吃驚，又勸她回去。

「沒有關係，爬我也要爬到路邊。」她固執地說。

快到路邊，黃翰文脚步一停，要她回去。

她怔怔地望着他，彷彿失魂落魄，眼淚洶湧而出，終於無力地伏在他的胸前哭泣起來。

黃翰文不知道莊靜的實際病況，莊靜自己心裡却很清楚，她認爲這次生離可能就是死別，非常傷心；可是她又不願意黃翰文看着她死，使他傷心，因此她鼓勵他到前方去視察。而眼前的離別却使她心如刀割。

黃翰文知道勸慰無效，索性讓她哭個痛快。好在這裡沒有別人，他自己也被她哭得黯然神傷。

過了很久，他纔把莊靜的頭托了起來，她兩眼紅腫，看了他一眼，又埋頭哭泣。

「別哭，我送妳回去。」黃翰文搖搖她。

「不要你送，」她抬起頭來望着他：「讓我靠一會再走。」

她又把頭靠在他的肩上，過了一會再抬起來，望着他强作歡笑，整整他被她揉皺了的衣襟，擦擦她胸前的淚痕，幽幽地說：

「送君千里，終須一別，你走吧。」

她眞的叫他走，他反而怔住了，半天沒有移動一步。突然抱住她深深一吻，匆匆離開。

她呆呆地望着他的背影漸去漸遠，終於完全消失。她「啊！」的一聲哭了出來，噴出一口紫色的血塊。她眼前一陣黑，連忙抓着一根竹子，竹子像鞦韆，不住地搖擺，搖擺……。

第五十三章　作隨員自升兩級　寫書信心繫佳人

黃翰文回到重慶，又去青年會看張總幹事，他告訴張總幹事說莊靜的身體愈來愈弱，他自己要出差，請張總幹事多多關照。他將許挹清的地址留給張總幹事，如果有什麼重要的事請張總幹事和許挹清聯絡，張總幹事豪爽地答應了。

回到宿舍他又拜托許挹清一番，許挹清自然滿口答應，還安慰他說：

「你儘管放心好了，我等着吃你們的喜酒。」

黃翰文拜托了他們兩人比較放心。回想到莊靜那種泣別的情形還有點心酸，這一夜他沒有睡好，很早就爬了起來。

廖聲濤在許亞琳那邊荒唐了一夜，第二天上午快出發時他纔匆匆地趕回來，應該準備的東西都沒有準備好，不是丟了這樣就是忘了那樣，弄得手忙腳亂。

曹科長看見廖聲濤就指着他的鼻子一頓臭罵：

「你在路上要是再吊兒郎當，回來就關你的禁閉，撤你的職！」

他自然不敢作聲。

他們這個視察團一共十個人，團長中將，副團長少將，除了黃翰文和廖聲濤兩人是上尉外，其餘的都是上校。他們兩人是隨員，爲了提高他們的身份，團長默許他們超兩階佩戴領章，廖聲濤衣領上掛着一付嶄新的中校領章，閃閃發亮。黃翰文沒有超階佩帶，還是掛着上尉舊領章。

「你怎麼還是個老上尉？」廖聲濤輕輕問他。

「只有四兩重，何必充半斤？」黃翰文反問他。

「誰的手邊又提了戥子秤，知道你是四兩還是半斤？我們視察人家，總不能見人敬禮？」

「你什麼都沒有準備好，倒忙着過官癮？」

「你皮襖穿在裡面誰知道？領章掛在領上馬上兌現，誰敢問你是眞是假？」

「現在掛上去過癮，將來摘下來可不好受。」

「管它的，人生如戲，紅袍進，綠袍出，掛一天算一天。」

黃翰文和廖聲濤隨團的任務是：黃翰文掌管文件，擔任祕書和書記的雙重工作；廖聲濤擔任副官業務，如接洽旅館，交涉車船以及其他雜務。

一路上廖聲濤倒表現了一點外交天才，他頂着金字招牌，見人說人話，見鬼說鬼話，該唬的地方唬，把別人支使得團團轉。

到長沙後有人接待，他輕鬆多了。第二天劉漢民、黃翰君、謝志高、林過春、洪通他們都趕來看黃翰文和廖聲濤，他們兩人沒有出席歡迎晚會，躲在旅館裡和劉漢民他們聊天。劉漢民看見廖聲濤的中校領章楞了一下，他把廖聲濤全身上下打量了一番，笑着說：

「小子，你三級跳，升得眞快！」

「你別大驚小怪，當個把小中校有什麼稀奇？」廖聲濤調侃他。

「小子，你到底是怎麼升起來的？」

「這可不容易！全憑汗馬功勞。」

「小子，你見過日本人沒有？」

「豈止見過？宰都宰過！」

他們幾個人都驚奇地望着廖聲濤，劉漢民又重新打量了他一下，搖頭一笑：

「小子，那我當初看走了眼？」

「你本來是鼠目寸光，看得準我？」

劉漢民幾乎被他唬住。

黃翰文本來在和黃翰君談話，他看廖聲濤那麼神氣，笑着對劉漢民說：

「他歪嘴吹喇叭，一團邪氣。你信他的鬼話？他的中校還不値一副燒餅油條！」

劉漢民問是什麼原因？黃翰文照實說了出來，廖聲濤正想溜走，劉漢民一把抓住他在他肩上搥了一拳：

「好小子，你孔夫子面前賣文章，居然在我們面前神氣？」

廖聲濤摟着肩膀發笑，謝志高指着洪通對廖聲濤說：

「你這個黑官還這麼神氣？你看我們這位副營長不聲不響，人家纔有涵養。」

廖聲濤突然把那對「睡鳳眼」睜大了，望望洪通，便嚷着要洪通請客，洪通藉故走了。廖聲濤很不高興，罵了他幾句。

「小子，洪通水長船高，不比當年，你不要口沒遮攔。」劉漢民說。

「大飯桶，他怎麼爬得那麼快？」

「天機不可洩漏，你少管閒事。」劉漢民警告廖聲濤，隨後又請他到火宮殿去吃小吃。

一場大火，把長沙的精華燒光，市面還沒有恢復。過去幾條熱鬧的大街，現在七零八落，街沿都是攤販，滿目瘡痍。

劉漢民領着他們到火宮殿，火宮殿的小吃很有名，油炸臭豆腐味道特別好，廖聲濤尤其喜歡，吃了這樣又要那樣，人多嘴雜，這一吃就吃掉了劉漢民半個月的薪餉。

他們分手時已經十一點，黃翰文和廖聲濤回到旅社將近十二點了。黃翰文和廖聲濤住在樓下兩個隔壁房間，其他的人都住在樓上，已經睡了。

廖聲濤一回來就和茶房交頭接耳，唧噥了幾句，過了二三十分鐘，一個十七八歲的姑娘閃進了他的房間，他生怕黃翰文看見，連忙把房門關上。

黃翰文伏在燈前給莊靜寫信。自重慶出發後，他每到一個地方都要給莊靜寫一封信，報告旅途和當地的情形，這是到長沙後的第一封信，他一直寫到一點多鐘才寫完。他心裡總有很多話要講，對莊靜的病更是躭心。現在他真有點後悔不該在她病重時離開重慶。

第五十四章　提筆寫信千行淚　移花接木一片心

莊靜那天送走黃翰文之後，扶着竹子站了好半天，纔慢慢拖着沉重的腳步走回去。

那天晚上她又吐了兩次血，都是紫色的血塊。睡到半夜她看到桌上的桐油燈一明一滅，突然有一種奇怪的感覺，覺得自己快要油盡燈枯，隨時會死。她勉强掙扎起來，在燈盞裡加了一點油，把燈芯剔亮，拿出紙筆，不覺潸然淚下。坐了很久，她纔寫下一個「文」字。剛寫完這個字，她的眼淚又洶湧而出，接着是一陣咳嗽，吐了兩口血。她躺在床上休息了一會，再勉强支撐着身體，繼續寫信：

我恐怕等不及你回來了！我不知道什麼時刻會突然嚥下最後一口氣？

我眞後悔我太年輕，把謊言當做眞理。到漢口後我又上了許亞琳的當，[redacted]假如那年我到重慶，就不會得上這個絕症，更不會在魔鬼手裡喪失童貞，那我們現在該是多麼幸福？

現在我最遺憾的是沒有能够和你結婚，留給你的只是夢幻般的愛情。死者已矣，生者何堪？我眞想不到我對你會欠下這筆債！

你回來時我可能只剩一包枯骨和一堆黃土。本來我不想你離開重慶，離開我那麼久，那麼遠。可是我又不顧你因私害公，[redacted]；更不顧你親眼看見我死，我實在怕你傷心……

寫到這裡又是一陣咳嗽，她的肺好像已經空了，她把胸口抵在桌上，把頭伏下來，休息了一會，停止了咳嗽，再提起筆來繼續寫：

你對我已經付出太多，不要讓我死後再欠你一筆債。你應該趕快把我忘記，振作起來，追求你自己的幸福。

我知道胡以霖的表妹劉孟君非常愛你，那次你因我而放棄了她，使她非常傷心，到現在我還內疚於心。胡以霖是你的同學，她的表妹又是那麼美麗、聰明、健康、熱情，你們纔是最理想的一對，希望你珍惜她那一片癡情，早結秦晉，那我就會含笑九泉。假如我們眞有未盡的緣份，或是上天可憐我們，那我們就結連理於來生吧！

她哭倒了，暈眩過去。直到清早女工張嫂進來才把她扶上床，蓋好被子，餵點牛奶給她喝，她纔清醒過來。

「張嫂，桌上那張紙請妳拿給我。」

張嫂把那張沾滿了淚痕和血跡的信紙交給她，她伸手從枕頭底下摸出那個皮夾，把它摺好小心地放了進去，往枕頭底下一塞，懇切地對張嫂說：

「張嫂，要是我有個三長兩短，這皮夾子就拜托妳交給黃先生。」

「小姐，不要專往壞處想，妳心腸好，觀音菩薩會保佑妳的。」張嫂安慰她說。

「張嫂，不要哄我，我是活一天少一天了。」她流下兩行清淚。

張嫂陪着她流淚，什麼安慰的話她都聽不進去，她心裡明白得很。

「小姐，黃先生那天回來？」張嫂忍不住問。

她這一問又引起莊靜一陣感傷，眼淚盈盈地說：

「張嫂，我等不到他回來了！」

「唉！黃先生怎麽這樣大意？」張嫂嘆息一聲：「妳正需要他的時候，他怎麽可以離開？」

「張嫂，這不能怪他，是我鼓勵他去的。」

「小姐，妳也是，我雖然可以照顧妳，妳身邊總要有個貼心體己的人！」

張嫂這一說，莊靜又哭了起來。

「張嫂，只怪我命薄如紙！」

「小姐，妳和黃先生成親沒有？」

「沒有。」莊靜搖搖頭，搖落兩顆眼淚。

「那妳百年之後，還不能算是他黃家的人哪！」

張嫂這句話又把莊靜說得哭了。

張嫂看莊靜哭得傷心，也替她十分難過。她小心地服侍莊靜喝牛奶，勸她不要胡思亂想，閉着眼睛養神。

「張嫂，妳請便吧，我不想睡。」莊靜說。

張嫂把牛奶熱水瓶放在她床頭邊，牽牽衣角，走了，走到門口又回過頭來問莊靜：

「小姐，妳昨天晚上到底寫些什麼？能不能給別人看？」

「張嫂，除了黃先生不能給任何人看。」

第五十五章　視察晚會看裙帶　長沙會戰新牆河

黃翰文跟着視察團跑了很多地方，曾經到過最前線新牆河邊。也看了很多作戰部隊。中秋以後天氣已經涼了，尤其一早一晚，必須穿上毛衣或夾衣纔能禦寒，士兵都赤脚草鞋穿着草黃布單軍服，短褲，布料又差，棉紗稀稀朗朗。

他們在戰區跑了十多天，發現了不少問題，有的部隊逃兵多，有的補充訓練不够，他們在一個補充兵團裡還發現了兩處弊端。

視察完畢，長沙又舉行了一個平劇歡送晚會，這次黃翰文和廖聲濤都去了，廖聲濤還替劉漢民他們弄了幾張票，洪通因爲太太的關係也弄到了票，而且是相當好的位子。

黃翰文廖聲濤和劉漢民他們不想看開臺戲，在附近茶館裡吃茶聊天，他們計算開臺戲快唱完纔離開茶館。黃翰文和廖聲濤先走一步，他們走到戲院門口，遠遠地來了一個年輕的瓜子臉的少婦，廖聲濤首先發現，馬上用手肘碰碰黃翰文，輕輕地說：

「喂，這小娘兒長得不錯！」

黃翰文望了一眼，微微一怔，隨口說了一句：

「好像有點面善？」

「你別看花了眼，你在那兒見過她？」

黃翰文一時想不起來，低頭尋思，那少婦漸漸走近，也發現了他們，向他們打量了一眼，忽然碎步跑了過來：

「兩位可是黃先生，廖先生？」

「是，妳是小鳳姑娘？」黃翰文忽然想起那個岳陽小姑娘。

「是的，」她微笑着說：「我現在是洪太太了。」

「眞是女大十八變，妳不說我眞認不出來了！」廖聲濤笑着接腔。

「廖先生，你們還是老樣子。」

「小鳳，妳是什麼時候逃到長沙來的？」

「就是你們走的那一年嘛。」她兩眼微微一翻。

「想不到妳和洪通結婚了？」

「還不是妳們住在我家裡的那點緣份？」

劉漢民他們走了過來，她又連忙打招呼：

「劉連長，明天我弄點湖南口味請他們兩位，請你們作陪。」

「謝謝妳，明天我們就走了。」黃翰文說。

「不可以多留一天嗎？」她笑着說：「我們總要盡盡地主之誼呀！」

「妳要盡地主之誼，洪通可是鐵公雞啦！」廖聲濤說。

「廖先生，你說笑話，我們怎麼敢怠慢你？」

廖聲濤把那天要洪通請客，洪通借故開溜的事說了出來，她顯得有點尷尬。

「洪太太，我們不能單獨行動，心領了。」黃翰文連忙替她解圍。

「喲，你們眞是貴人多忙，我要失禮了。」說完她領先進場。

他們稍後進場，看見她和洪通坐在第三排的中間位子上。第一排的位子是視察團的。黃翰文和廖聲濤本來也可以坐在第一排，爲了和劉漢民黃翰君他們談話方便，便和他們坐在第六排，正對着洪通夫婦的後面，位子也不算壞。

廖聲濤一坐下，就向洪通的太太望了一眼，她正和洪通交談。過了一會，她前面的一個胖胖的大光頭回轉身來和她交談，兩人的樣子很親暱，洪通坐在旁邊陪着笑臉。廖聲濤看了非常奇怪，碰碰謝志高，把嘴向着那個大光頭一呶：

「那是誰？」

「洪通的靠山。」謝志高說。

「難怪他爬得這麼快！」廖聲濤嗤的一笑。

台上的戲很好，譚派老生正掀起門簾在唱「催馬加鞭迷了道」，廖聲濤和謝志高也就專心看戲了。

洪通偶爾回過頭來望望後面，忽然發現了黃翰文他們，他勉強地點點頭，又轉過去神氣地望着台上。

「追韓信」之後的壓軸戲是梅派青衣的「生死恨」。在江南唱老生的多半宗譚，所以招待貴賓或頭三天的打泡戲必定有一齣「追韓信」，而青衣又多半非梅即程，嗓子好點的以梅派青衣作號召，嗓子差點的就標榜程派，其實都不是那個味兒。今天的「生死恨」倒很有梅味，一段反二簧唱來悽悽切切，令人迴腸盪氣。廖聲濤只欣賞青衣的扮相，認爲那眞是古典美，別人鼓掌叫好，他也跟着大聲叫好。黃翰文則被她那段悽惋的唱腔以及和莊靜有幾分相似的扮相感動得凄然欲泣。

這齣戲唱到三分之二時，突然有一位上尉副官走到坐在第一排的主人耳邊唧噥了一下，主人又向視察團長耳語了幾句，於是他們兩人站了起來，悄悄地走了出去，其他的高級官員看見兩位巨頭走了，也相繼離開。

黃翰文和廖聲濤他們雖然不知道發生了什麼事，也只好出去，走到邊門口恰好碰見了洪通，劉漢民急切地問：

「到底是怎麼回事？」

洪通向周圍望了一眼，賣弄地壓低嗓子附着劉漢民的耳朵說：

「剛纔的情報，日本人過了新牆河！」

「第二次長沙會戰爆發了！」劉漢民望望大家說。

第五十六章　可憐汨羅河邊骨　猶是春閨夢裡人

日本人過新牆河以後，進展得很快，第二天正面部隊就到了汨羅，左翼也到了平江，來勢洶洶，舉國震動。劉漢民他們這一師人立刻增援上去，在高家坊、福林舖一帶和日本人遭遇，展開了慘烈的拉鋸戰。

日本人像打足了氣的皮球，他們的官兵都是黃呢軍服，黃皮鞋，重武器又多。劉漢民他們的部隊還是夏季單軍服，短褲赤脚穿草鞋，最厲害的武器也不過是重機槍。裝備火力較敵人相差很遠。但是以同仇敵愾的士氣，終於挺住了，陣地有幾次失而復得。撐持到第二天，由於敵人的火力太猛，他們這一師人傷亡將近一半，奉命全線撤退，這一撤退，敵人就跟尾追擊，直到橋頭、筱凝，纔慢慢穩住陣脚，重新建立陣地。劉漢民、黃翰君、謝志高三個連擺在車站這個據點上，這時他們的實力只有一個半連。劉漢民的三個排長打死了兩個；黃翰君這一連的第二排排長打死了，第三排排長重傷。他自己也受了輕傷；謝志高的第二三排排長都打死了，士兵死傷更多。

這天晚上他們喘息方定，拂曉敵人又來攻擊，先是用迫擊砲打了一陣，他們沒有還擊的能力，只好伏着不動。等到敵人兩三百人蜂湧過來時，劉漢民、黃翰君、謝志高三人手上的重機槍才嗒嗒嗒地吐出長長的火舌，交叉構成火網，其他的武器也同時射擊，敵人沒有辦法衝上來，倒的倒下，沒有打死的像滾瓜般退回去了。

敵人拂曉攻擊沒有得逞，九點多鐘出動了三架飛機輪番轟炸，迫擊砲也同時轟擊，他們辛苦建立起來的陣地又毀了很多，一顆迫擊砲彈的破片剛好插進謝志高的大腿，他馬上暈了過去。擔架把他抬下火線，他的第一排排長就自動代理了他的職務。

飛機連續幾小時的轟炸，和迫擊砲的轟擊，幾乎所有的掩體都被敵人摧毀了，傷亡數字也跟着不斷增加，劉漢民黃翰君兩人心裡非常憂慮，如果敵人再發動攻擊，就很難應付。

幸好增援部隊在黃昏以前到達，而瀏陽平江那方面的友軍又反攻得手，加重了敵人側背方面的壓力。次日清晨他們一陣猛烈反攻，正面敵軍抵擋不住，向後節節敗退，上面命令他們一鼓作氣，乘勝追擊，第一天他們就把敵人趕回高家坊。第二天在高家坊打了一個硬仗，敵人死傷很多，又向後撤退。由於戰線縮短縮小，加緊向敵人壓迫，右翼的洪通部隊又與劉漢民、黃翰君他們合流，齊頭向北追擊，在汨羅江邊他們截住了一小隊日軍。這一小隊日軍正抓着兩個老百姓，強迫他們駕一條小划子送他們渡江，他們自己也在使用橡皮艇，準備一次渡過去。正在將渡未渡之際，劉漢民他們追上來了。

這批日軍頑強得很，一看他們追來，馬上臥倒，砰砰砰地射擊，劉漢民的部隊立刻架起機槍還擊，黃翰君和洪通分兩翼包抄過去，準備甕中捉鱉。

包圍圈越縮越緊，日軍死傷也越來越多，可是沒有一個人站起來舉手投降。劉漢民懂日語，忽然靈機一動，對他們喊話，要他們快點投降，保證不殺他們。

河邊沒有掩護，黃翰君和洪通又接近了岸邊，正面火力射不到坡坎下面，側面可以射到，敵人完全在他們的火網之下。洪通不理劉漢民的喊話，不停地射擊，使敵人無法抬頭。

過了一會，他們的小隊長把洗臉的毛巾掛在步槍的通條上，舉起來搖了幾搖，劉漢民馬上命令停止射擊，要他們舉手抱頭，向後轉，面向江邊站立。他們的小隊長發了兩聲口令，那些士兵統統照做了。

當他們走近那二十幾個日軍時，洪通突然拔出手槍，向那些面向汨羅江的日軍啪啪地打了兩槍，劉漢民大聲地喝問：

「洪通！你幹什麽？」

「打日本鬼子！」洪通說着又打了兩槍，有幾個日軍駭得跪在地上，幾個日軍不顧死活跳到水裡。

劉漢民非常生氣，大聲地向洪通說：

「我講了不殺他們，你爲什麽亂殺一氣？」

「不殺日本鬼子殺誰？」他反問劉漢民。

「上面有命令不准殺俘虜！」

「笑話！不殺敵人難道自殺？」

「洪通，你莫名其妙！」

「你纔莫名其妙，你簡直是漢奸！」

黃翰若本來在處理那些俘虜，一聽他們兩人吵了起來，連忙抬頭一看，發現他們兩人都在動槍，連忙跑了過來，幸好旁邊的人及時把他們的手一格，子彈才向上斜飛出去，連忙把他們抱住。

「剛剛抓到一批俘虜，怎麼雞窩裡起火？自己人反而打了起來？」黃翰君說。

「洪通這傢伙混蛋！」劉漢民餘怒未息。

「你纔混蛋，你簡直是漢奸！」洪通罵他。

劉漢民氣極了，要過去揍他，十幾個人把他拖住，不讓他過去，恰好營長團長都趕到了，團長把他們兩人訓了一頓。又命令黃翰君劉漢民繼續追擊，洪通隨團行動。

黃翰君和劉漢民率領部隊利用那隻小划子和敵人的橡皮艇，分批渡江。

黃翰君和劉漢民是第一批過江，劉漢民望着江這邊的幾具日軍屍體，不免有點內疚。

「洪通這傢伙心太狠，如果不是大家拖住我，我要好好地揍他一頓！」

「剛纔你們差點鬧出人命！」

「本來我不想拔槍，他罵我是漢奸，我實在受不了。我從白山黑水跑出來，比誰都恨日本鬼子，我會當漢奸？」劉漢民言下不勝感慨。

「他信口雌黃。」

「我看他是故意戴帽子。」

部隊已經陸續過來，他們檢查裝備，查點人數，連後來的謝志高的部隊計算在內，一共是一百二十七個人。

他們繼續沿鐵路線向前追擊，沿途發現許多屍體。敵人的屍體都是黃呢軍服，黃皮鞋、鋼盔。自己人的屍體都是單衣、短褲、草鞋、布帽，一眼就可以辨別。在一個戰壕裡面，有十幾具屍體還互相扭扯，疊羅漢一般倒在地上。

他們沒有時間理會那些屍體和滿地的彈藥槍枝，一心向前追擊，在桃林附近又追上了一小隊殿後的日軍，打了一仗，打死了十幾個敵人，其餘的倉皇逃走。這時天已昏黑，又接到停止追擊的命令，劉漢民黃翰君的部隊在幾家破爛的民房前停止下來。

爲了蒐集情報，他們在那些剛打死的敵人屍體上搜查了一遍，找到了幾個千人針布袋，幾張女人小孩的照片和幾封家信、情書。

他們在一家破爛的空屋裡，點起了一枝臘燭，把搜獲的東西舖在桌上，鋼盔、手槍、武士刀，堆了一桌子，其中最引人注意的還是女人的照片。

在三張照片當中，有兩張是二十幾歲的少婦，帶着自已的孩子合攝的，那兩個少婦並不漂亮，她們的孩子都非常天眞可愛。另一位看來像十八九歲的少女，然而照片後面的題字却是給她丈夫井口的，她自己的名字叫芳子，生得非常清秀嫵媚。又在她丈夫的屍體上搜出了好幾封信，劉漢民一看，纔知道他們結婚纔一個月，她丈夫就被征到中國來了。

劉漢民看完了這些信，看看照片，不禁搖頭太息，他把信中的大意說給黃翰君聽。隨口唸了兩句唐詩：

「可憐無定河邊骨，猶是春閨夢裡人！」

第五十七章　前線川軍亂法紀
出言無狀放飛機

黃翰文他們到上饒那天，正是長沙岌岌可危的時候，他非常耽心黃翰君和劉漢民他們的安危。他們離開上饒到前方去的這天，報紙都出了號外，報導「第三次長沙大捷，日寇死傷八萬人」的消息。那個消息使大家都興奮鼓舞起來，商店把長長的鞭炮掛在竹竿上，從窗口穿出來，劈劈啪啪，人人眉飛色舞。

他們正站在招待所門口看熱鬧，一輛公路局的專車，嘰的一聲停在面前，司機伸出頭來問廖聲濤：「官長，你們是不是去景德鎮的？」廖聲濤點點頭。這輛專車是特地送他們到景德鎮的，那裡駐了一個軍，完全是四川部隊。

他們上午八點出發，天黑時到達。景德鎮還沉浸在長沙大捷的狂歡中，街上的鞭炮屑舖了一地。

他們被招待在一家最好的旅館裡，晚上有一頓最豐盛的歡宴，和一個平劇晚會。負責和廖聲濤聯絡的是軍長的貼身副官，這位副官有兩片薄薄的嘴唇，很會講話，十分精明靈活，和廖聲濤很合得來。黃翰文因為急於替莊靜燒瓷像，不想看平劇，廖聲濤也想上街蹓躂蹓躂，飯後那位副官便陪着他們兩人上街。

他帶着黃翰文和廖聲濤到一家最好的瓷像店，老闆看見那位副官連忙陪着笑臉走出帳房，拱拱手說：

「王副官，幾天不見大駕，有什麼吩咐？」

老闆一面說話一面親自遞煙倒茶。王副官大模大樣地對老闆說：

「劉老板，有位重要來的貴客，要燒個瓷像，一要好，二要快！你辦不辦得來？」

老闆他躬着身子說：「好辦，好辦！」

王副官讓黃翰文把照片拿出來，他斜着眼睛瞄了一眼，十分驚訝地說：

「喲！這位小姐真是月裡嫦娥，全景德鎮也找不出第二個。」

「我們這個草鞋碼頭，怎樣找得出這樣漂亮的小姐？」老闆附和王副官的話。

「兩位過獎。」黃翰文謙虛地說。

「官長，你初來敝地，不知道行情。景德鎮有多少漂亮的姑娘？王副官肚子裡有本賬，他準不清楚？」

廖聲濤聽老闆這樣說，瞇着眼睛瞄了王副官一眼，王副官是老手，兩下眼光一接觸，他心裡完全明白，用肩膀輕輕地碰了廖聲濤一下，廖聲濤會心地一笑。

這家瓷器店不但大瓷像燒得好，瓷像戒指燒得也非常精巧。景德鎮男男女女手上都戴着瓷相戒指，和四川人穿草鞋一樣普遍。

黃翰文付定錢時，老闆不肯接受，諂媚地說：

「你官長大人大面，哪用得着下定錢？王副官一句話，我就照辦。」

王副官雙手一攔海裡海氣地說：

「你哥子不必見外，取貨的時候一總結算。」

「老板，你可不能誤事，三天以內一定要。」黃翰文怕老闆不能準時交貨，特別囑咐一聲。

「官長，您是遠客，王副官大人大面，我沒有吃豹子膽，怎敢誤事？」老闆謙卑地回答。

「你哥子放心，跑得了和尚跑不了廟，你哥子寅時要，他龜兒子決不敢拖到卯。」王副官拍拍黃翰文的肩膀，大誇海口。

黃翰文看了他一眼，覺得王副官眞是景德鎮的紅人。

離開瓷器店，王副官和廖聲濤交換了一個眼色，黃翰文沒有注意。王副官一馬當先，走進一條小巷，拐了兩拐，走進一家青磚高牆，黑漆大門的人家，裡面相當靜雅。一個穿着素淨，捧着白鋼水煙袋的中年婦人，看見王副官駕到，笑臉相迎。王副官逕自走進一間寬敞的房間，這間房間的桌椅都是上好的紅漆雕花，桌上的花瓶，觀音大士的瓷像，茶壺，蓋碗，都是上好的細瓷，蓋碗薄得像雞蛋殼，白瓷，金邊，加上模倣的名畫，看來高貴雅緻。房間裡有一張古香古色的棗木大床，紅漆、雕花，床下有兩個大抽屜，床上摺疊着兩床鴛鴦被，掛着上好的夏布紋帳，帳子懸掛在金光燦爛的銅鈎上。

那中年婦人手裡托着一個精巧的紅漆托盤，掀起門簾，碎步走了進來。她叫了一聲，後面又響起銀鈴似的笑聲，兩個十七八歲的麗人身子一閃，飄了進來，她們先向王副官點頭微笑，然後分別走向黃翰文和廖聲濤，粉面含羞。兩人背後都拖着兩條烏黑的大辮子，辮長過腰。

廖聲濤伸手把那個走近他的姑娘往懷裡一摟，迅速地在她臉上親了一下，把她抱在自己的腿上坐着，那個女的向她瞟了一眼，便伸手在托盤裡拿了一顆乾桂圓，卜的一聲剝了殼，把桂圓肉往廖聲濤嘴裡一塞，廖聲濤張嘴一接，在她臉上親了一親。

黃翰文怔怔地望着廖聲濤，站在他面前的那個少女羞慚地對他說：

「官長，你怎麼不賞個臉兒？看也不看我一眼？」

黃翰文回過頭來，纔發覺她比坐在廖聲濤身上的那位姑娘更勝三分。她眉清目秀，皮膚白嫩，像剛剖了皮的雪梨兒。她兩眼脈脈地望着他，三分笑意，七分委屈。黃翰文的臉微微一紅，不知如何是好？她漸漸向他挨近，他怕她也坐在自己身上，連忙把身子一側，讓了一半位子給她。

王副官看了一眼，悄悄地溜了出來，輕輕交代那中年婦人：

「這兩位是重慶來的稀客，初下山的猴兒，頂着天字第一號的金字招牌，妳要她們兩位多灌迷湯，多用軟功，尤其是那位姓黃的龜兒子，好像是個書獃子，若是荷花能夠把他擺平，除了纏頭之外，格老子另外有賞。」

「王副官，荷花是賽觀音，平時很少請她上陣，您大人大面，我纔把她抬出山門。我幾手看家玩藝兒都傳給她了，她知道怎樣侍候客人。不管姓黃的是書獃子還是刁嘴的貓，他要是逃出賽觀音的迷魂陣，我就不吃這碗皮肉飯，從此關門。」

「我相信薑是老的辣，可惜妳不能親自上陣。」王副官打量了她一眼。

「喲，找八十歲的老娘，還能派什麼用場？」她風騷地瞇着兩眼，眼角露出兩道皺紋：「幹我們這一行，眞是雞頭肉，講究一個『嫩』！現在是她們當令，我還能倒轉光陰？」

「妳不能親自上陣，打打邊鼓也行。」

「王副官您放心，既然上了我的門，決不會放生。」

「好，蚌殼精，要是妳能把那姓黃的龜兒子擺平，格老子就封妳作活觀音。」

「那我先謝您這位活財神！」她兩手一抄，在腰邊拂了兩下。

王副官在她臉上擰了一把，輕輕地說：

「還有一件事，不要接他們的纏頭，我會加倍給妳。」

她點點頭。他揚長而去。

她輕輕掀起門簾，朝房裡瞄了一眼。

廖聲濤正肆無忌憚地和那女的調笑。

黃翰文坐在一張太師椅上，荷花姑娘歪着身子坐在扶手上。當她用那俊俏的小嘴熟練地剝了一粒瓜子仁，用纖纖的雪白的手指往他嘴裡送時，他不好意思張嘴去接，用手接過來放進嘴裡。

荷花向他嫣然一笑，輕輕地說：

「官長，你眞規矩。」

她說得黃翰文有點不好意思，廖聲濤却吃裡扒外地對她說：

「他還是一隻童子雞，妳今天正好宰來吃。」

黃翰文罵他，他哈哈一笑，親了那女的一下。

荷花看黃翰文不咚不噹，笑着問他：

「官長，你是不是嫌我醜？」

「不，」黃翰文笑着搖頭：「我是誤闖了門子，不是來玩的。」

「你既然來了，就賞我一點薄面，不然王副官會怪我不會待客。」

「妳很好。」黃翰文拍拍她。「王副官呢？」

「他把兩位交給我們招待，他先走一步了。」

「不必偏勞，我也要走了。」

「官長，您晚上又沒有什麼國家大事，賞我一點面子，在這裡過夜好了。」她把手往後面一指：「我的房間就在後面，您要不要看看？」

「對不起，我實在有事，改天再來。」黃翰文站了起來。

「官長，今天你不肯賞我一點面子，明天還會再來？誰信？」

「不要放他走。」廖聲濤接嘴。「他今天屁事也沒有，自己想腳板搽油，」

「你何必拖人下水？」黃翰文說。

「美人如玉，你忍心走？」廖聲濤向他擠眉弄眼。

黃翰文不知如何是好？荷花又拉拉他的衣袖：

「官長，賞我一點面子。如果我侍候不周，千萬請你包涵。」

荷花一面說着，一面把黃翰文輕輕一拉，向後面房間走去，黃翰文走了兩步，突然停住，他想起莊靜。

「對不起，我眞的要走了。」他輕輕說了一聲，倒退兩步。

荷花身子一飄，大辮子一晃，攔住他的去路，捉住他的袖子如怨如訴地說：

「官長，花花轎子人抬人，你眞的不肯賞我一點面子？」

她雙眉微鎖，顯得楚楚可憐，黃翰文抱歉地說：

「實在對不起，我眞的有事。」

「那你先去辦好了正事再來，我專誠候駕。」

黃翰文塞了一張大鈔在她手裡，跑了出來，廖聲濤趕到房門口對他說：

「你何必那麼急驚風？今天我可不回去！」

「隨你的便。」黃翰文回答。

「要是科長問你，你可不能直說出來？」

「我不會扯謊，你最好早點回去。」

廖聲濤皺皺眉，裡面那女的一叫，他又連忙把頭縮了進去。

黃翰文左彎右拐，拐上了大街。

大街上熙熙攘攘，戰時的都市晚上比白天熱鬧，景德鎮的瓷器特別多，生意也不壞。街上充滿了「龜兒子，格老子」的聲音，彷彿置身重慶。這兒雖然是前線，卻比重慶安閒得多，重慶的人時刻就心驚炸，敵機却不大光顧這個前線的城市。這是他們住在重慶的人想像不到的。

他回到旅館，戲還沒有散場，別人都沒有回來，他把房門用力一關，往床上一躺，心緒像團亂麻，他眞沒有想到王剛官會把他帶到那種地方去？他也沒有想到鄺聲濤的臉皮會有那麼厚？簡直像個老油子。

他的心情平定之後，爬起來寫信給莊靜。寫到一半聽見兩個人走進旅社，大聲大氣的說：

「今天晚上中央的大頭兒都被軍長請去看白玉蘭那個騷婊子的「玉堂春」了；那兩個嘴上無毛的龜兒子，被王剛官弄到蚌殼精那裡泡着了。今天把他們灌足了迷湯，二三天他們回川去纔不會亂講。」

「格老子，理他啥子中央西央啊！格老子是四川部隊，天天放飛機（註），看中央又朗格辦？」另外一個人接腔。

註：「放飛機」意即走私販貨。

第五十八章　瓷相戒指作紀念

一箱禮物下橋頭

他們在這個四川部隊視察了三天，表面上看不出有什麼缺點，雖然風聞有些弟兄還在戰壕裡抽大煙，他們却也沒有看到。臨走的頭一天晚上，團長交給黃翰文一份密件，要他代爲保管，他一看是地方上十幾個士紳聯名的訴狀，都是有關軍紀的。

這天晚上他正準備去取莊靜的瓷像和戒指，王副官却親自送了過來，瓷像燒得非常好，而且定做了一個小木盒子裝着，戒指是黃金的，足有三四錢重，黃翰文不明白底細，便問王副官：

「王副官，我定的是銀戒指，老板怎麽改成金的？」

「千里迢迢的，你哥子難得到景德鎮來一次，銀的有啥子意思？金的纔有紀念價値。」王副官笑着回答。

「王副官，一共多少錢？」黃翰文看看木已成舟，摸摸口袋，準備付錢。

「小意思，兄弟已經付過了。」王副官按住黃翰文的手說。

「謝謝你的好意，我可不敢領情。」

「嗨！你哥子千里迢迢從重慶跑到景德鎮來，沒有功勞也有苦勞。衙門的公差也要草鞋錢，兄弟不會待客，就算兄弟請你哥子吃頓便飯好了。」王副官笑容可掬地拍拍黃翰文的肩。

「謝謝你，我旣無功勞也無苦勞，你在前方打日本人，纔是勞苦功高，照理我應該慰勞你，怎敢領你的情？」

王副官有點尷尬，廖聲濤連忙從他手裡把戒指接過來，笑着對黃翰文說：

「翰文，土地公也吃豬頭肉，你不要辜負了王副官一番盛意，我代你領情好了。」

說完他又向王副官擠擠眼睛，把戒指往口袋一塞，王副官會心地點頭。

黃翰文瞪了廖聲濤一眼，衝了出去。跑到旅館門口，碰見兩個工人抬着一個大木箱進來，他身子一側，擠了出來。

他一口氣跑到那家瓷器店，找到老闆，老闆一看見他馬上笑臉相迎，他卻氣沖沖地問：

「老板，我定做的瓷像戒指，一共多少錢？」

「官長，王副官早就交代過了，不要你付錢，他會總付。」老闆回答。

「不要他付，多少錢？我自己付。」

老闆摸摸後腦亮，一時不知如何是好。

「老板，到底多少錢？我自己付。」黃翰文大聲地問。老闆知道他是重慶來的，看看他的臉色不對，連忙陪着笑臉：

「官長，小意思，兩百四。」

黃翰文聽了一怔，摸摸口袋，一共只摸出兩百二十元，數來數去還是這個數目，他急出一頭大汗。老闆笑着對他說：「官長，你是重慶來的稀客，那二十塊錢免了，就算兄弟孝敬。」黃翰文心裡發急，沒有聽見他的話，左摸右摸，終於在後面褲子口袋裡摸出了三十塊錢，高興地湊了上去，往老闆手上一塞，迅速地跑了出來。

他身上雖然只剩下十塊錢，心中却如釋重負，愉快異常。

他回來時發現王副官不在，先前那兩個工人抬的大木箱放在自己房裡，他問廖聲濤：

「這是什麼東西？」

「瓷器。」廖聲濤回答。

「是你買的？」

「我纔不做冤大頭，是王副官送給大家的。」

「誰要你收下的？」

「這可不是我的意思？」廖聲濤連忙向他搖手：「我請示過團長，他要我收下的。」

「去他的！」黃翰文一腳踢在木箱上，裡面的瓷器哐啷一聲響。「我要是團長，首先就槍斃王副官！」

「你要是當了團長，我們就出不了景德鎮！」

「他們敢造反？」

「他們有一軍人，我們有幾條槍？」

「我們出來幹什麼的？」

「乾隆皇帝下江南，出來散散心哪！老就在重慶又有什麼意思？」廖聲濤輕鬆地說。

「你和王副官一道去散心好了，我要睡覺。」黃翰文把廖聲濤攆了出去，廖聲濤一路走一路笑。

第二天上午八點，陳軍長率領高級官員送他們上車，王副官指揮兩個士兵把那個大木箱抬上卡車的後座。他們在歡送聲中離開景德鎮，向屯溪進發。

廖聲濤由於這三天來連夜荒唐，睡眠不足，車子走在高低不平的石子路上，搖搖擺擺，彷彿坐在搖籃裡面一樣，很快地他就伏在那個大木箱上呼呼地睡着了。

車子一顛一簸，一搖一擺，一個鐘頭只走三十多里路，走上一座石橋時，坐在司機旁邊的團長，突然命令司機停車，大家不知道團長是什麼意思？他卻冷靜地對曹科長說：

「你要黃翰文和廖聲濤把那箱瓷器丟到橋下去。」

黃翰文又連忙把廖聲濤搖醒，廖聲濤睜着惺忪的睡眼，莫名其妙地望着他：

「你搞什麼鬼？」

「把瓷器丟下去。」黃翰文說。

「你發了瘋？」

「團長的命令。」

廖聲濤再揉揉惺忪的眼睛，望了團長一眼，團長對他說：

「你和黃翰文兩人把它丟下去。」

廖聲濤這纔懶散地站了起來，幫助黃翰文把木箱抬起，直立在旁邊的木欄上，黃翰文用力一推，木箱嘩啦一聲，在橋墩上碰了一下，木箱震破了，上好的細瓷，嘩啦嘩啦地摔了出來，落在河床的鵝卵石上，嘩啦嘩啦響，跌成粉碎；還有許多花花綠綠的鈔票滿天飛，像一群群彩蝶。大家看得目瞪口呆，面面相覷。

團長看見大家癡癡呆呆，對身旁的司機說：

「開車！」

司機應了一聲「是！」馬達立刻響了起來，車子又開始搖搖擺擺，在淑驪排骨般的路面上直開屯溪。

沿途灰塵飛揚，汽車後面拖着一條長長的黃色尾巴，高高地飄起，如煙如霧，車子偶爾一停頓，這條黃色尾巴就像狗尾一樣倒捲上來，灰塵紛紛撲落，弄得大家一頭一身。

車抵屯溪時，那個幹鍊的總司令率領了總部處長以上的官員在車站歡迎，看他們一身灰塵，連忙把他們送到一個漂亮的招待所安頓。

他們痛痛快快地洗了一個澡，洗掉一身灰塵，一身疲倦。廖聲濤躺在沙發上把二郎腿一翹，笑着對黃翰文說：

「我們的團長眞是個活寶，一下子丟掉那麼多瓷器鈔票。」

「這樣看來他倒是一個清官。」黃翰文說。

「可是他家裡天天吃青菜煮豆腐，獨龍過江。」

「抗戰就靠這種人抗下去！」

他們在皖南地區視察了五天，又轉到浙東去視察了一個禮拜，回程時在金華休息了一天。

金華是浙贛鐵路的要衝，從富春江下游和從蕭山那邊運來的物資，都集中在此地轉運，金華市面的繁華和物資的充裕又非屯溪可比。

他們公務完畢，一身輕鬆，吃過飯後都跑上街去選購日用品，此地的價格比重慶要低好幾倍。

黃翰文本來不想出去，因爲他身上已經一文不名，廖聲濤一定要拖他上街，他只好以陪着公子趕考的心情和他一道去。別的人因爲階級高，年齡大，無形中和他們兩人多少有點界限，尤其是玩的時候他們那些人總是一道，他們兩人又是一道。

黃翰文廖聲濤走進一家書店，廖聲濤化了兩百多塊錢買了一枝派克鋼筆。

隨後他們又走進一家鐘錶店，看看手錶，廖聲濤看中了一隻西馬，又化了兩百多。黃翰文也看中了一隻女用手錶，樣子很新穎，他很想買來送莊靜，可是標價兩百五十元，他身上分文莫名，又不願意開口向廖聲濤借。廖聲濤知道他的意思，便對他說：

「我身上總共不到兩百塊錢，路上還要用，如果買便宜一點的，我可以借。」

「錶要用好的，便宜貨不行。」黃翰文說。

「又不是你自己用，何必這樣捨己？」

「莊靜用和我自己用又有什麼分別？」

「你這次的出差費幾乎全部用到莊靜身上去了！」廖聲濤知道黃翰文離開重慶時在莊靜身上用了四五百元，在景德鎮做瓷像又去了兩百多，這幾乎是他領到的全部出差費，而他自己一點東西也沒有買。

「在她身上用幾個錢我心安理得。」

「你的馬靴已經壞了，要不要買雙皮鞋？」廖聲濤看看黃翰文腳上那雙短統馬靴，還是畢業時買的，邊上已經裂了一道口。他和黃翰文同時買的那雙早已「報銷」，在景德鎮買了一雙長統新馬靴，是王副官付的錢，他怕黃翰文罵，沒有告訴黃翰文，黃翰文還以為是他自己買的。

黃翰文望了自己腳上一下，短統馬靴上的裂縫越來越大。於是和廖聲濤一道去找皮鞋店。廖聲濤走在街上，故意把腳步放得很重，新馬靴和閃亮的馬刺便哧咯哧咯地響起來，別人看見他這樣一位年輕中校，都不禁投下[illegible]羨慕的眼光。

走到一家皮鞋店門口，廖聲濤把黃翰文一拉，走了進去，夥計看他那副神氣，連忙上來招呼：

「官長，你要哪種馬靴？文皮的還是小牛皮的？」

「一雙普通皮鞋。」廖聲濤大模大樣地回答。

那夥計隨即從架子上拿出一雙式樣最新，皮子最好，標價八十五元的皮鞋來，往他腳前一放同時以一隻腳跪在地上準備替他脫掉馬靴。他搖搖頭，指指黃翰文說：

「不是我買，是他買。」

那夥計望了黃翰文一眼，勉强把鞋子移到黃翰文面前，人却伸直腰站了起來。

黃翰文穿上試試，大了一點，他要那夥計換一雙，那夥計懶洋洋地從架子上另外拿了一雙。黃翰文看在眼裡，也不願和這種勢利小人計較，試了一試，便叫他包好，由廖聲濤付清了錢，大步走出店門。

走過一家首飾店，他看見一對棗仁似的綠耳墜子，他覺得莊靜戴着倒很相配，不自覺地停了下來。

「怎麼？你想買？」廖聲濤問他。

「我賭氣買了這雙黃皮鞋，不給莊靜買點東西怎麼說得過去？」黃翰文回答。

「那你問問價錢吧？」

黃翰文一問，不貴，只要二十五元。他回頭問廖聲濤有沒有錢？廖聲濤故意搖搖頭，他還是戀戀不捨，廖聲濤這纔從口袋裡掏出二十五塊錢遞給黃翰文。

黃翰文接過錢要夥計拿出那副綠耳墜子，他提起來晃了兩晃，十分喜歡。

他們回到旅館時，聽見一個女孩子在對面房間清唱：

「玉堂春好比花中蕊……」

「我廖聲濤好比採花蜂。」廖聲濤笑着接腔。

他們一打開房門，就有一位二十多歲的少婦，提着一把胡琴，帶着一位十五六歲的姑娘尾隨進來。這位姑娘撒嬌地要他們兩人點唱，廖聲濤笑指黃翰文說：

「我們這位不是王公子，妳不要表錯了情。」

「官長，聽聽四季相思也行。」那少婦睨着廖聲濤說。

「我光桿一條，想誰？」

「官長，我唱幾句游龍戲鳳你聽好不好？」小姑娘問廖聲濤。

「我不聽游龍戲鳳，我要聽黃梅調十八摸。」廖聲濤望着小姑娘傻笑。

「別胡鬧，給點錢讓她們好趕二家。」黃翰文說。

廖聲濤慢吞吞地掏出一塊錢，遞給那個少婦，少婦伸手來接，他突然把手縮了回去，少婦瞪了他一眼，他把鈔票塞在她手上，手指在她掌心一搔，她在他手背上打了一下，又脆又響，抿着嘴兒一笑，腰一扭，閃出房去。那小姑娘也羞答答地跟着跑出去。

黃翰文看了好笑，廖聲濤捧着肚子笑彎了腰，喘着氣對黃翰文說：

「我們出來一個多月，今天晚上最有意思。」

第五十九章　一堆黃土加玉墜　滿頭烏髮伴君眠

由於路途遙遠，中間又經過一些周折，他們回到重慶時已經是雙十節以後了。

黃翰文歸心似箭地趕回重慶的第一件大事自然是去看莊靜，他已經快兩個月沒有看見她了。自己雖然寫過不少信給她，却沒有接過她一封信，因爲他的行踪不定，沒有要她回信。

其實，莊靜就在他啓程回重慶的那天，香銷玉殞了！

許挹清看見黃翰文回來，欣喜中帶着幾分緊張。黃翰文問他：

「莊靜好些沒有，張總幹事有沒有信給你？」

許挹清半天不作聲，黃翰文覺得有點蹊蹺，抓住他的臂膀，搖了兩下：

「挹清，究竟怎樣？你不妨直說！」

許挹清不忍從自己嘴裡告訴他這個悲痛的消息，嘴巴動了幾下，欲言又止。然後轉身走近床邊，從枕頭底下抽出一封信遞給他：

「這是張總幹事的信，你看了就會明白。」

信是張總幹事寫給許挹清的，黃翰文連忙抽出一看：

挹清先生：

　　莊靜小姐的病況，在黃翰文先生離開重慶之前，曾經囑托我和您聯繫，必要時通知您，現在我報告您一個不幸的消息，莊靜小姐在前天深夜歸主了……

黃翰文好像突然受了一下重擊，「啊！」了一聲就萎頓下去，雙手抱着頭往桌上一倒，信紙隨即飄落下來，許挹清連忙扶住他，在他背上拍拍。

過了半天，黃翰文淚流滿面地抬起頭來望着許挹清：

「挹清，這是眞的？」

許挹清點點頭：「我和張總幹事去過。」

「她有遺囑沒有？」

「有。」

「拿給我看。」

「不在我這裡。」

「在哪裡？」黃翰文站了起來。

「在女工張嫂那裡。」

「她爲什麼不交給你？」

「莊靜交代過她，要她親自交給你。」

「莊靜葬在那裡？」黃翰文突然想起她的善後來，抓着許挹清問。

「在飯舖後面的竹林裡。」

黃翰文一陣風似地捲了出去，許挹清連忙趕了上來，跟着他走。

在路上許挹清又告訴了黃翰文一些有關莊靜的情形，那塊墓地是她向校長要求的，校長起初不同意，經張總幹事情商，纔讓她葬在那裡。

「她爲什麼一定要葬在那裡？是不是那裡的風水好些？」許挹清說。

「不關風水。因爲我們常從那裡經過，那地上還留着我們的脚印。」

「莊靜用情太深，可惜短命。」

「如果她不去延安，決不會死得這麼早！」黃翰文抹抹眼淚說：「想不到連最後一面都見不到！」

當許挹清帶他爬上山坡，走進那片竹林，他一看到那堆黃土，便撲了過去，跪在莊靜的坟前，無聲地哭泣。

「你在這裡等一下，我去叫張嫂。」

許挹清拍拍他。黃翰文傷心欲絕，渾如不覺，頭也不抬。

十月的寒風，從竹林裡噓噓地穿過，竹葉沙沙，黃葉隨風飄落，落在莊靜的坟上，落在黃翰文的背上。

黃翰文抓着莊靜坟上的黃土，捏在掌心，捏得粉碎。他一把把地抓着，一把把地捏碎。他想抓着莊靜，但他抓着的是一把把黃土。

許挹清去了一會，帶着張嫂一道走來。

張嫂看見黃翰文跪在墳前飲泣，自己的眼淚也撲漱漱地掉了下來。

黃翰文看見張嫂，連忙問：

「張嫂，她有什麼東西交給妳沒有？」

張嫂伸手向懷裡一摸，摸出一個揉皺了的信封，雙手交給黃翰文。

黃翰文隨手一抽，抽出一綹烏黑的頭髮，他認識這是莊靜的頭髮，不禁悲從中來，又倒在坟上痛哭。

「黃先生，這是小姐臨終時要我剪下來交給你的，她看我把頭髮裝進信封裡，纔合上眼睛。」張嫂一邊用衣角抹眼淚一邊說。

「張嫂，她對妳講什麼沒有？」

「沒有講什麼，她一直盼望你回來，盼望了一天一夜，還是見不到你……」

「早知如此，我眞不該走！」黃翰文自怨自艾，又抽出幾張信紙，他看見紙上斑斑的血跡，嘔心瀝血的話語，淚如泉湧。

他發現信封裡還有一張紙，又抽出來。張嫂插嘴說：

「那是小姐臨終前兩天，我扶着她靠在床上寫的，我一個大字不識，不知道她寫什麼？」

黃翰文眼淚模糊中，看見歪歪倒倒的字在跳動：

我眞的沒有兩天好活了！上次我鼓勵你走，現在我又盼望你回來。

我眞希望你緊握着我的手讓我慢慢死去，那樣我也許會減少一份痛苦？我實在不願意死，我想活下去，因爲我還沒有同你結婚。

我有兩個希望：一、請你以丈夫的名義，爲我立塊碑石，這樣我在陰曹地府也會快樂；二、請你和劉孟君結婚，不要爲我傷心。

「張嫂，這裡有沒有做碑石的？」黃翰文收好信，一躍而起。

張嫂說離這裡五里路的一個鎮上有一個碑石店，飯舖的林老闆很熟。黃翰文和許挹淸馬上去找飯舖的林老闆，恰巧林老闆在家，黃翰文說明來意，林老闆慷慨地答應代辦，他要黃翰文寫了一個碑文給他，黃翰文簡單地寫了兩行字：

愛妻莊靜女士之墓

黃翰文泣立

「有沒有銘文？」林老闆看看過於簡單，不像一般碑文格式，因此動問。

「林老板，碑石太小，銘文刻在我的心裡。」黃翰文說。

林老闆一笑，老闆娘嘆了一口氣：

「眞想不到你們恩愛夫妻不到頭。」

許挹淸睜大眼睛瞪着老闆娘，不知道她的話裡的含意？

黃翰文突然想起應該燒點錢紙，當時只想趕來看莊靜的坟墓，沒有買錢紙，許挹淸也沒有想到。他問林老闆什麼地方有錢紙賣？老闆娘連忙把自己家裡的錢紙拿出來，交給黃翰文。

許挹淸代他付了碑石定金和錢紙。黃翰文又向老闆娘要了一盒洋火，提着錢紙包到莊靜的坟上去。

張嫂沒有走，站在墳前流淚。她看黃翰文提了錢紙來，連忙接過去蹲在墳前焚化。

黃翰文找了一塊竹片，在莊靜墳頭挖了一個洞，從口袋裡取出那對綠色的耳墜，小心地埋了下去。

「那是什麼東西？」許掲清問。

「一對耳墜子，」黃翰文感傷地說：「本來是買給她戴的，想不到要埋到土裡？」

黃翰文埋好了耳墜，張嫂也燒完了紙錢，這時太陽已經下山，許掲清催着回去，黃翰文無奈，只好拜托張嫂多多照顧。

在紙灰飛揚和暮色蒼茫中，黃翰文離開了莊靜的墓地。在路邊他發現他和莊靜的脚印還深深地印在那裡。

半個月後，黃翰文爲莊靜立了一塊三尺高兩尺寬的墓碑，碑上的紅字非常醒目。

以後每個禮拜天他都來這裡憑弔一次，風雨無阻。

莊靜死後，他萬念俱灰，他常常望着莊靜那塊瓷像和手上的戒指[illegible]暗自落淚。莊靜的遺書，他不知道看了多少遍？而每看一遍就引起一次感傷，悲慟[illegible]自己。

他把這些感傷和眼淚都化成悼念的詩句。莊靜死後不到兩個月，他已經寫了三十幾首悼念的詩。而每次去莊靜的墓地憑弔時，他總帶點錢紙和幾首詩同時焚化。

陰曆除夕那天下午，他帶着錢紙去掃墓，更是百感交集。家家張燈結彩，爆竹喧天，他獨自坐在她的墳前，默默地流淚，也默默地寫下一首悼念的詩。

綠色的手
摧殘了一朵白色的水仙花
而妳正當荳蔻年華
二十世紀的風聲太大
但妳的凋謝無聲
我的哭泣也無聲

臘月的晚風正尖着嘴
呼呼地吹着冰冷的銀笛
吹過搖曳的竹林
吹過我披着[illegible]的黑紗的頭頂

靜，妳能否聽見
我~~[illegible]~~泣血的心聲？

第六十章　好漢不提當年勇
英雄投効遠征軍

又是一年開始了，在這新年期間，大家閒着無事，正聚在一塊兒聊天，不期劉漢民竟然闖了進來。

「大飯桶，什麼風把你吹來的？怎麼事先也不通知我們一聲？」廖聲濤衝着劉漢民問。

「小子，說來話長，」劉漢民微微嘆喟：「我本來想趕到重慶和你們過年，想不到路上就誤了幾天。」

「無事不登三寶殿，你到重慶來有什麼貴幹？」

「我參加遠征軍，特地拐來看看你們。」

大家聽他說參加遠征軍，更加興奮，廖聲濤在他肩上一拍：

「大飯桶，你要出洋相了？」

「起初我並沒有這個念頭，後來一想，還是走遠一點好。」

「難道這裡面還有什麼文章？」黃翰文問。

於是劉漢民把他和洪通在前方處置俘虜因而引起衝突的事講了出來。

「最妙的是戰役結束之後，他當了我的營長，成了我的頂頭上司。」劉漢民苦笑。

「讓洪通這猴兒當你的上司，這不是趕你走路？」

「所以我不能幹。」

「東方不亮西方亮，你正好去國外顯顯身手。」

「要不是遠征軍有位親戚，這一下我可眞被洪通卡死。」

接着他們又問到上次長沙大捷的情形和黃翰君、謝志高、林遇春他們的近況，劉漢民只平平淡淡地講了一點，沒有絲毫刺激，廖聲濤聽了不過癮，拉着劉漢民說：

「報紙上登得那麼轟轟烈烈，你講得無聲無色，眞是點金成鐵。」

「打仗不是寫文章，新聞記者紙上談兵，自然熱鬧。有些士兵負了傷還拼命向前衝，如果你告訴他受了傷他會像洩了氣的皮球突然倒下，戰爭就是這麼回事。砍掉腦袋也不過碗口大的疤，有什麼大驚小怪？」

隨後他們又談到彼此的近況，劉漢民說謝志高的傷已經好了，黃翰君升了副營長，林遇春可能帶兵，因為這次會戰中下級幹部陣亡很多。

劉漢民看黃翰文瘦了不少，一直沒有十分開心地笑過，因此輕輕地問他：

「你好像有什麼心事？」

黃翰文沒有作聲，廖聲濤搶着說：

「不是悲秋，非關病酒。」

「什麼事使他瘦成個猴子？」

「賈寶玉出家，也無非爲了一個情字。」

劉漢民再問，廖聲濤纔說出莊靜的事來。劉漢民望着黃翰文說：

「你怎麼不寫封信告訴我們？」

「這又不是什麼喜事，犯不着驚動你們。」黃翰文說。

「他一回來就遇着這件事，一直到現在還像掉了魂。」廖聲濤說。

「翰文，想開一點。」劉漢民拍拍他的肩膀。

「他就是作繭自縛。」廖聲濤說：「其實胡以群有個如花似玉的表妹，非常愛他，人家落花有意，他偏偏流水無情。」

「你們再撮合一下。」

「他早就把人家氣跑了！」

「這也難怪翰文，」許挹清插嘴：「那時他和莊靜的感情正好，他怎麼能丟下莊靜再去愛劉孟君？」

「我勸他一箭雙鵰，他偏不聽我的話，你看，現在菜籃挑水兩頭空，這不是自作自受？」

黃翰文沒有理會廖聲濤，他把話題掉轉，笑着問劉漢民：

「你現在有沒有對象？」

「我和你哥哥一樣，孤家寡人。」劉漢民爽朗地一笑。

「謝志高呢？」

「他的眼睛長在頭頂上，還沒有合意的。」

他們天南地北地談了一會，黃翰文他們請劉漢民在一個北方小館子吃飯，飯後一道去劉漢民的旅館。和劉漢民一道來重慶的有三個人，他們也是利用這個機會看看朋友親戚，沒有直接去昆明。

廖聲濤看看有七八個人，馬上靈機一動，笑着對劉漢民說：

「怎樣？我們玩玩沙蟹好不好？」

和劉漢民一道來的那三個人聽廖聲濤這樣說，便躍躍欲試，劉漢民對他們說：

「不能來這玩藝兒，這小子存心想吃我們的路費。」

那三人聽劉漢民這樣說，又打量了廖聲濤一眼，剛纔那種躍躍欲試的心情，馬上收斂起來。

「你眞混球，斷了我的財路。」廖聲濤指着劉漢民笑駡。

「我知道你小子一肚子鬼胎。」劉漢民笑着回答。

第六十一章　作品存心分意識　狗嘴何曾吐象牙

劉漢民在重慶和他們痛快聚了三天，便和那三位同伴直飛昆明了。

黃翰文他們又照常上班，生活又轉趨平淡。飛虎部成立之後，日本飛機也不敢到重慶來，警報自然少了，不像以前那樣天天老鼠躲咪貓。

廖聲濤玩得暈頭暈腦，一直沒有恢復正常，除了賭，就是和許亞琳鬼混，有時也和她打打麻將，莊靜死後她顯得更加開朗了。

黃翰文除了上下班以外，多半和許挹清躲在宿舍裡，他不想出去，許挹清也不好動。

許挹清愛躺在床上看書；黃翰文不是望着手上的戒指出神，就是想些奇奇怪怪的事，諸如莊靜的肉體是否已經腐爛？她會不會想念他？會不會在陰曹地府告許亞琳一狀？而思念和幻想的結果，往往變成一首悽惋的詩，這些詩他偶爾也投到報章雜誌去發表。許亞琳看見了便批評這些詩完全是士大夫和小資產階級的意識。有一次她對廖聲濤說：

「黃翰文的詩缺乏大衆感情，完全是個人意識，他在鑽牛角尖。」

「那本來是他個人的事。」廖聲濤說。

「在這個大時代裡，個人又算什麼？只有把個人貢獻出來，纔有價值。」

「貢獻給誰？」廖聲濤笑着問。

許亞琳盯了他一眼，從容地說：

「貢獻給民族解放事業。」

「他不是和我一樣許身爲國？」

「你算得什麼許身爲國？」許亞琳白了他一眼：「你完全是個人主義。黃翰文更可惜，他沒有貢獻出他的智慧，他的創作路線有很大的偏差。」

「妳要傳教，當面對他講好了，現在他傷心已極，更不會理妳這一套。」

「他這人眞痴得可笑！」

「女人就怕男人不痴，一痴纔會死心塌地。」

「那完全是小資產階級的情感。」

「那妳對我是什麼情感？」

「去，去，去！你狗嘴裡吐不出象牙，別和我胡扯。」她隨手把他一推。廖聲濤笑哈哈地走了出來。

他把許亞琳的話講給黃翰文聽，黃翰文生氣地說：

「寫詩是我個人的事，她管我走什麼路線？情感也是我個人的事，要她分什麼階級？」

「你們公說公有理，婆說婆有理，最好你們兩人開個辯論會。」

「誰和她辯論？報紙雜誌這種狗屁論調太多了，我還要聽她的？」

此後，黃翰文寄出的稿子，陸續退了回來，這使他頗爲沮喪；但他想不透這是什麼原因？因此他的心情更加抑鬱了。

過了一些時候，許亞琳透過廖聲濤向黃翰文要稿子，黃翰文以爲又是拿給新華報發表，一口拒絕。

一個禮拜天，廖聲濤乘黃翰文去看莊靜的墳墓，悄悄地把黃翰文那些退稿偷了出去，交給許亞琳。不多久，好幾個報紙副刊和雜誌都陸續發表了。黃翰文大爲驚奇，因爲這些稿子都是那些報紙雜誌退回來的。

「是不是你把我的稿子交給許亞琳的？」黃翰文問廖聲濤。

「我沒有交給她，是我直接寄給報紙雜誌的。」廖聲濤撒了個謊。

「你有什麼辦法要那些編輯發表我的稿子？」

「我自然有我的門路！你以為只有許亞琳認識那些編輯？老實說，我不會寫，我會寫早成名了！」

他這些話眞把黃翰文瞞住了，黃翰文知道他見面熟，和什麼人都搭得上關係的。

「那他們為什麼又批評我？」黃翰文仍然有點不解。因為好幾個刋物的「編者的話」裡都批評他鑽進了象牙塔，脫離了群衆路線，缺乏普羅情感，假如他能走到群衆中去，那將是一位了不起的詩人。

「我怎麼知道？這也許是他們對文藝問題的一致看法？」

「難道他們都對？」

「你管他們對不對？你只要迎合他們的口味，他們不照樣把你捧上九重天？」

「這分明是他們要牽着作者的鼻子走，這叫做什麼群衆路線？」

「那有什麼辦法呢？他們都是一鼻孔出氣的，除非你不寫稿。」

「算了，算了，以後請你不要把我的稿子隨便拿出去就是。」

「那你只好藏諸名山，束之高閣了？」

「文章千古事，得失寸心知。我不在乎眼前的熱鬧。」

「這是什麽時代？別人都希望早晨栽樹，晚上乘陰，怎麽你一個人孤芳自賞？」廖聲濤笑了起來：「我要是有你這樣的高才，早就是大詩人了，說不定還弄上一頂桂冠戴戴。」

第六十二章　遠征救人苦自己　遍山白骨棄蠻荒

遠征軍攻克仁安羌，救出被圍的英緬軍七千餘人及其司令亞歷山大將軍的消息傳到重慶時，大家都振奮起來，黃翰文他們也確實高興了一陣，因爲遠征軍裡有劉漢民。但這是一種捨己救人的軍事行動，由於遠征軍從後方臘戍開到仁安羌去搶救英緬軍，臘戍反而成了眞空，結果英緬軍是救出來了，敵人却乘虛攫取了臘戍，竄到滇西，於是緬甸戰局完全改觀，使遠征軍不得不在雨季中翻越野人山，退入印度。

黃翰文他們一陣興奮過後，又躭心劉漢民的安全，他們很久沒有得到劉漢民的消息。直到八月中，才接到劉漢民一封飛越駝峯的信。

我能在雷多寫信給你們眞是萬幸，在到達雷多以前，我眞沒有想到我會拖到雷多的。

劉漢民開頭這樣寫。

「以前你們也許在報上看到遠征軍攻克仁安羌的消息？那只是救了別人，苦了自己，假若我們不管英國人，我們就不會吃這麼大的苦頭——在雨季中翻越野人山。野人山不是普通的山，盡是原始森林，根本沒有路，我們砍着樹木前進。蚊蟲大得像蜻蜓，螞蝗會咬死人，我們沒有醫藥，也沒有充足的糧食，在傾盆大雨中寸步難行。這眞是一次死亡行軍，眼看着同伴一個個倒下去。和我一道去過重慶的那三個人也統統死在野人山，現在大概只剩一堆白骨了。我雖然僥倖不死，拖到雷多後已經不像人了，翻越一座野人山，我瘦掉了二十多公斤。

明天我們就要去比哈爾省藍伽軍營整訓補充了，我們損失太大，需要國內的壯丁，到藍伽以後的情形，再寫信告訴你們。翰君[redacted]那邊我不去信了，請你們轉告他們。我有幾個月沒有看報，不知他們最近打仗沒有？……」

看完了這封信，黃翰文和許挹濤默然無語，廖聲濤突然哈哈大笑：

「雪天整狗熊，大飯桶這次可整慘了！」

「他幾乎送了命，你還好笑？」黃翰文白了他一眼。

「大難不死，必有後福。說不定大飯桶眞能幹上個把將軍？怎麼不好笑？」廖聲濤振振有詞地說：「還有，到藍伽以後，大飯桶吃喝玩樂不愁。印度女人、英國女人、美國女人都有，土豹子可以開開洋葷了。」

「你怎麽知道？」許挹清問他。

「我看到了公文。中國駐印軍的被服給養由英國供給；裝備由美國供給，完全是英美標準，人家是少爺兵，可不像我們。大飯桶自然也可以找外國娘兒們開開洋葷。」

兩個月後，劉漢民又有信來，他報告了藍伽軍營的情形和加爾各答的風光，信裡還附了幾張照片。

廖聲濤從黃翰文手裡把信和照片搶了過去，照片裡有幾個漂亮的白種女人，像是勞軍的電影明星。

「[redacted]大飯桶開洋葷，可惜我沒有當遠征軍。」廖聲濤羡慕地說。

「你只想遠征加爾各答的女人。」黃翰文說。

「在重慶實在無聊得很，我眞想去加爾各答投效娘子軍。」

第六十三章　看話劇攀龍附鳳
獨行俠空谷足音

一天晚上，黃翰文和許挹清兩人去看話劇「鳳凰膽」，進場時恰好碰見了許亞琳。黃翰文不想和她打招呼，裝作沒有看見。許亞琳却自動地走了過來，滿臉含笑地說：

「好久不見，你也來看鳳凰膽？」

黃翰文點點頭，沒有答話。

「廖聲濤怎麽沒有一道來？」她望了許挹清一眼。

「我不知道。」黃翰文搖搖頭。

「你們是焦孟不離，孟不離焦，怎麽會不知道？」

「廖聲濤是個花脚貓，到處亂跑。他沒有到妳那邊去？」

「你這是明知故問，他去了我還會問你？」

黃翰文沒有再作聲。

戲院的進口很窄，她故意和黃翰文擠在一塊，身上一陣陣香氣，黃翰文聞到這股香氣，彷彿受到一種威脅，他讓她走在前面，保持一點距離。

她掏出記者的派司一亮，守門人就讓她進去。

進場以後，她回頭對黃翰文說：

「後臺有好幾位詩人、作家，我介紹你認識一下，你願不願意和我一道去？」

她說出那幾位詩人作家的名字。他們都是來捧「鳳凰膽」的作者和演員的。

「謝謝你，我不想去。」黃翰文說。

「你的架子比他們還大。」她望着黃翰文一笑，逕自走向後臺。

這戲的演出氣勢的確不凡，臺前擺滿了文藝界戲劇界名人送給劇作者的花籃，很多人都藉這機會來拍拍這位文藝界的大亨。

戲未開演，座位就滿了，連胡以群也趕來湊熱鬧。他的座位恰好在黃翰文許揑清前面。

「怎麼你也來了？」黃翰文笑着問胡以群。

「大作家的戲豈可不看？甚是他的名子就値回票價了。」胡以群回過頭來說。

「想不到你對他也這樣崇拜？」

「別人的書我很少看，他的書我倒看過幾本，除了周魯，就數他了。」胡以群賣弄地說：「怎麼，你不崇拜他？」

「我怎麼敢不崇拜？他是我的頂頭上司呢。」黃翰文笑着回答。

「他最近寫了一篇文章教訓那幾位大學教授，你看過沒有？」

「看過了。」

「那篇文章寫得眞好，罵得痛快！」胡以群拍拍椅背：「像黃宗直、劉問文，怎麼配批評田汀的詩？」

「這也只怪他們自討沒趣，根本不是一個寫詩的人，何必信口開河？」

「可是別人就不敢罵那些教授，只有我們這位大作家敢罵，而且把他們罵得像龜兒子一樣，不敢回嘴！」

「本來他們只會啃死書，放留聲機，自己又沒有寫過一首詩，怎麼還嘴？」

「翰文，我是門外漢。聽許亞琳說，你的詩寫得很好，她文藝界的朋友多，很想拉你一把，你怎麼一點也不領情？」

「我不能靠別人起家。」

「別人找都找不到，許亞琳對你很好，你何必白白放棄這樣的好機會？」

「想不到你對這件事比我還有興趣？」

「我們是老同學，希望你有朝一日也像谷天水一樣成名，我也好沾點光。」

「恐怕我會使你失望。」

臺上噹的一聲鑼響，幕布隨即拉開，他們自然地結束了談話。

戲一開演，許亞琳姍姍地從後臺走了出來，經過黃翰文他們身邊時，笑着打了一個招呼。

「你怎麼不看完戲就走？」胡以群問她。

「我要回去發消息。」她揚揚手笑着走了。

黃翰文也沒有心思看戲，看了一半就想走，許挹清只好陪他出來。胡以羣看他們兩人離座，他也跟着出來。

胡以羣請他們兩人在一家小麵館消夜，坐定之後他又對黃翰文說：

「翰文，花花轎子人抬人，我眞想捧捧你，你怎麼不肯上轎？」

「你又沒有辦報紙雜誌，怎麼捧我？」黃翰文笑着問他。

「我可以借力使力，利用許亞琳的關係。」

「你也和她很好？」黃翰文驚奇地望着他。

「你不要誤會，我可不像廖聲濤，」胡以羣連忙分辯：「我是說我們和她是在漢口認識的老朋友，她對你的印象一直很好。其實你倒最有資格——」

胡以羣哈哈一笑，黃翰文瞭解他的意思，也向他笑着說：

「我不想吃羊肉，何必惹一身騷？」

「聽說詩人都是浪漫派，你怎麼一點也不羅曼蒂克？你又不是黃花閨女，何必守身如玉？逢場作戲，有什麼關係？」

「因爲我不是詩人。」

胡以羣適可而止。又談起劉漢民黃翰君他們的情形。上次劉漢民路過重慶，他只是匆匆一面，無暇長談。他問起劉漢民入緬後的情形，他們照實告訴了他。

吃完麵已經十二點，分手時胡以羣對黃翰文說：

「你既然一板一眼，我還是替你打聽孟君的下落。」

「謝謝你的好意，我不想再惹麻煩。」黃翰文向胡以羣拱拱手。三人一笑而別。

生活一天比一天艱苦，黃翰文他們一個月的薪水還買不到一隻老母雞。日用品尤其缺乏，而且特別貴。

在這種艱苦生活中，黃翰文和許揖濤連茶館也很少去了，閒時除了看書聊天之外，簡直沒有別的消遣。

廖聲濤非常羨慕劉漢民在印度的生活，他們接到劉漢民不斷來信報告自己的生活狀況，還和黃翰文他們在重慶的生活水準簡直有天壤之別。劉漢民在一封信裡曾這樣說：

> 我們在這裡吃得好，穿得好，連草紙也比重慶的報紙白，真是要什麼有什麼，錢也用不完。我們幾乎變成了美國少爺兵了。我本想寄點日用品給你們，但飛越駝峯的飛機只運戰略物資，不准帶日用品……

「大飯桶是要什麼有什麼，我們是四大皆空，豆腐也賣成肉價錢，口袋裡天天唱空城計，這過的是什麼鬼日子？」廖聲濤總是訴苦抱怨。其實他比黃翰文許揖濤過得好多了。

「你還不是過得落花流水？」黃翰文不服氣，馬上頂他。

「我總不能老用女人的錢？」他兩手一拍。

一天，廖聲濤聽到一個消息，說是要派一個人到印度去接洽一件公事。他靈機一動，覺得這是一個難得的機會。因為正式下部隊，參加駐印軍，他又吃不得那種苦。國內戰場是處處挨打，步步後退，說不定駐印軍會向緬甸反攻，牽制敵人；要反攻又勢必翻越野人山，那是要命的玩藝，他自然不想去。但加爾各答是個花花世界，有些從那邊回來的人，講過不少的風流韻事，他久已心嚮往之。如果能出一趟公差，玩玩，買點東西，那是最理想的事。他暗中大事活動，連黃翰文許挹濤都不知道。

最後廖聲濤還是白費氣力，因為同時有人競爭這趟公差，對方的英文好，人緣也比廖聲濤好。廖聲濤還是不肯罷休，他吵吵鬧鬧，撈到一個到上饒的公差，也領了一筆不少的旅費。錢領到手，他請黃翰文和許挹濤到小館子裡去打牙祭，黃翰文笑着說：

「你這趟公差真是死皮賴臉賴來的。」

「你管它怎麼來的？要是我也跟你們一樣，誰請你們打牙祭？」廖聲濤得意地回答。

他們真的好幾個月沒有打一次牙祭，平日更難見葷腥，伙食壞得不能再壞。早餐偶爾有幾粒花生米，一上桌就像風捲殘雲，一掃而光。中午晚上是大鍋菜，漂湯油，豆腐豆芽是上菜，湯多菜少，像海底撈月，吃不上兩粒飯，連湯也不剩一滴，最後只好用鹽水泡飯。

「孔夫子說三月不知肉味，我們已經半年沒有吃過肉了。」黃翰文輕輕地說，生怕別人聽見。

「你看我這雙膠鞋，眞是空前絕後。」許挹清從桌子底下伸出一隻前後都開了兩個大口的黑膠鞋，他的脚趾一動，前面那個破口就一開一合，彷彿一隻大烏魚，張着嘴在水面喋唼。

廖聲濤用手搗着鼻子兩眉一皺：

「你做做好事，不要再動，臭得我要作嘔了！」

許挹清紅着臉一笑，把脚縮了回去。

第六十四章　劫後南城如鬼域　走運司機是財神

廖聲濤和同事吳天民從重慶出發，一路東來，他第一件事是吃。重慶什麼東西都貴，吃的也沒有一樣便宜。一過貴陽、桂林，進入湖南，物價就漸漸低了，吃的東西比重慶便宜得多，一到江西，物價更低，雖然當地人已經覺得物價太高，叫苦連天，在他看來，實在太便宜了！不但便宜，而且有很多東西在重慶吃不到。

車子經過南豐時，正好碰上南豐橘子上市，這種橘子和乒乓球一般大小，外表並不漂亮，皮薄無子，甜蜜無比。他買了一大簍，一氣吃了兩斤多。

這天夜晚他們本來預備趕到鷹潭去住，不料木炭車走到離南城還有十來里路就突然拋錨，他們坐在路邊等了一兩個鐘頭，司機還沒有修好，司機請客人跟助手一道去南城住一夜，在南城車站找人來修好之後，第二天清早再開鷹潭。

於是他們只好步行進城，除了這部老爺車之外沒有任何交通工具。

南城本來也像其他後方城市一樣，充滿了戰時繁華氣象，茶樓酒館林立。經過敵人蹂躪之後，現在的情形完全不同了。一進城門，廖聲濤就發現房屋破破爛爛，街上冷冷清清。

「這究竟是怎麼一回事？」他禁不住問助理司機。

「日本人在這裡殺了很多人，隨後又發生了一次瘟疫，纔弄成這個樣子。」助理司機說：「剛纔你沒有注意，北門外那個山上添了多少新墳？」

廖聲濤搖搖頭，助理司機向他炫耀地敍述經過情形：

當浙贛路沿線的難民，像螞蟻搬家樣逃到南城時，正是端午節前幾天，那幾天正下着傾盆大雨，擁塞在南城的難民都不能走，當時的消息很不靈通，地方小報上登載着浙贛鐵路沿線的敵人還沒有打到鷹潭，從南昌這邊發動攻擊的敵人也沒有到達臨川，照理南城可以苟安幾天，大家都準備等候天晴再走。

初七那天，大雨突然停止，擁塞在南城的難民就像螞蟻出洞絡繹不絕地離開南城，向南豐那方面逃難，挑擔的，推獨輪車的，推兒背女的難民，擁擠在馬路上，有十幾里路長。

躲了好幾天沒有出來的太陽，一出來就格外厲害，臉上的皮膚晒得發痛，地上的濕氣直往上升，人像在蒸籠裡一樣難受。

撫河在冬天是淸淺見底，一入夏天，情形完全兩樣，加上這幾天的傾盆大雨，河水平了岸，渾濁的黃水，嘩啦嘩啦地往下流，形同萬馬奔騰。

這一大群難民滿心高興地離開南城，以爲可以平安脫離虎口，到了中午有一架偵察機飛臨他們的頭頂，翅膀下面那兩個圓圓的紅膏藥看得淸淸楚楚。這架飛機的突然來臨，嚇得難民雞飛狗跳，鬼哭神嚎，紛紛往田裡和草叢裡亂竄。幸好這架飛機沒有掃射，只在頭上盤旋了一會就飛走了。

下午三點鐘，一隊從宜黃包抄過來的日本騎兵，突然衝到李坊營，把通往南豐的公路攔腰截斷。

「那不是甕中捉鱉？」廖聲濤插嘴。

「只有一小部份難民走過了李坊營，」助理司機噴着口沫：「我的車子也只剛剛通過鬼門關！」

「還有許多難民怎麽辦？」

「跳的跳河，打的打死，沒有死的統統趕回南城。」

「把那些難民趕回南城作什麽？」

「天知道！現在那些人十之八九都睡在北門外的墳山上。」

助理司機把他們帶進車站附近一家小客棧，客棧老闆看在助理司機的面上，特別騰出兩個房間把他們安頓下來。廖聲濤嫌房間不好，助理司機指着自己的鼻尖說：

「你不要雞蛋裡挑骨頭，要不是我的面子，你跑遍全南城，也休想找到一個房間！」

助理司機走後，廖聲濤摸摸頭皮失笑地說：

「眞是活見鬼，連司機也神氣起來了！」

「你別瞧不起司機，」同伴吳天民說：「他們手掌乾坤舵，脚踏風火輪，比誰都神氣。」

這一路東來，坐汽車的時間多，廖聲濤也親眼看到那些司機到站之後大吃大喝，一擲千金，毫無吝色。隨便帶一條「黃魚」，就够他幹一年半載，雖然他們身上又髒又臭，可是飯館客棧老闆把他們當老祖宗侍奉，往來客棧的「野雞」，對他們更是媚眼橫飛，他們眼睛長在額角上，什麽芝麻「將」，豆瓣「將」，他們根本沒有放在眼裡，更不要說廖聲濤了。

「早知如此，我們當年爲什麽不學開汽車？」廖聲濤自嘲地說。

晚飯後，他們兩人又一道逛街。街上沒有幾家店舖點煤氣燈，從前的店舖現在多半變成了小攤，一燈如豆，陰陰森森，這使他突然想起二十七年武昌大轟炸之後的夜景。

街上實在沒有什麽好逛的，廖聲濤突然想起風化區天一山，他把吳天民一拉，吳天民會意地一笑：

「是不是帶我上溫柔鄉？」

「我不是假道學，還會帶你上孔廟？」廖聲濤望了他一眼。

他們笑着走上天一山，有些房子只剩下一片瓦礫，路燈昏昏暗暗，尋芳的客人更是少得可憐。

他們走進一家小院，剛一進去鴇兒就笑着迎了出來，一疊連聲地說：

「官長請坐，請坐！」

她手一招，就有幾個姑娘走了出來，廖聲濤一看，沒有一個像樣，調頭就走，鴇兒雙手把他拉住：

「官長，留步，俏的在裡面。」

她拖拖扯扯地把廖聲濤拖進一個房間，房裡點了一盞美孚油燈，坐着一個瘦削的女人，廖聲濤一看又搖頭，鴇兒拖着不放，吳天民厭惡地把一張十塊錢的票子往鴇兒手裡一塞，鴇兒這纔放他們出來。

他們回到街上，走進一家本地小吃館，要了兩盌米粉和一小壺麻姑酒，吃喝起來。

廖聲濤歡喜講話，矮胖的老闆也很健談，他知道他們兩人是重慶來的，更加殷勤。廖聲濤開玩笑地說：

「老板，我們從重慶來吃盌米粉，這筆路費可不小，你應該請客。」

「官長，按理我應該作個小東，只是鬼子害得我們好苦。」

「老板，你吃了什麼虧？」吳天民問。

矮胖的老闆說，日本人一來就搶走了他兩百多擔做酒的糯米，店裡值錢的東西統統搬走，後來連房子也拆了，使他傾家蕩產，現在這個小吃店是臨時用木板蘆蓆搭蓋的。

「聽說他們初到的那幾天，到處糟蹋婦女，有沒有這回事？」吳天民問。

「官長，別提了！」老闆搖頭嘆氣：「那簡直是一群畜牲！他們連褲子都不穿，只兜着一塊布片，穿門入戶，連六七十歲的老太婆也遭了殃，更別說年輕婦女。」

廖聲濤和吳天民互相望了一眼，矮胖的老闆却背轉身去抹抹眼淚。他們兩人裝作沒有看見，吃完立刻付帳，老闆又强作歡笑地說：

「失禮，失禮，兩位是遠客，怎麼好意思要錢？」

「老板，你將本求利，我們怎好意思白吃？」吳天民把票子往他手裡一塞。

「官長，不瞞你說，我現在賣的是別人的酒，不然我一定送兩瓶上好的藏姑。」

「老板，希望我們下次來時，能吃到你自己櫃房的酒。」廖聲濤拍拍老闆的肩膀。

「官長，托你的鴻福！」老板慘然地說。「但願鬼子不要再來。」

他們回到客棧時，壁上那隻古老的時鐘，剛好敲了十一下。

他們一走上樓梯口，廖聲濤就發現一個穿陰丹士林旗袍的女人向對面助理司機的那間甲級房間一閃，他碰碰吳天民的手肘，做了一個鬼臉：

「今天不過是拋錨，明天可要小心翻車！」

第六十五章　戰壕泥漿弟兄苦
連長落難米糠稀

廖聲濤在三戰區兜了一圈，又回到重慶來了。

他在金華買了一些日用品，身上的錢還沒有用完，故意在黃翰文許抱清面前抖了起來。

回重慶的這天夜晚，他提了一包東西出去，準備送人，偏巧遇着了許亞琳。

「怎麽這一向神龍見首不見尾？」許亞琳問他。

「事情太忙，我今天剛從三戰區回來。」廖聲濤回答。

「眞人面前何必說假話？」許亞琳打量他一眼。

「眞情實話，一點不假。」

「你去三戰區有什麽公幹？是不是又把槍口朝內？」許亞琳盯着廖聲濤說。

「天機不可洩漏，」廖聲濤故作神祕地一笑：「妳可別製造新聞。」

許亞琳看廖聲濤的口風很緊，白了他一眼，馬上轉變話題，嗔怪他說：

「許久不見，我以爲你把我忘了？」

廖聲濤把原先準備送人的一小包東西，提起來在許亞琳面前一晃：「喏！曾經滄海難爲水，除却巫山不是雲。我怎麽忘得了妳？」

許亞琳看見這包東西，十分高興，以爲他一片眞心，笑盈盈地說：

「總算你還有一點良心。」

「我們老夫老妻，不是一夜恩情。」廖聲濤笑着在她耳邊輕輕地說。

「時間過得眞快，一晃就是幾年了。」許亞琳微微一嘆。她比從前在漢口時自然更加世故老練，可是青春也漸漸褪色了。

「我們正式拜個堂好不好？」廖聲濤故意逗她。

她搖頭一笑。

「妳不愛我？」

「我們兩人都不宜於結婚！」

「爲什麼？」

「你打慣了野食，我也不願背上家庭的包袱。」

廖聲濤一聽許亞琳的話，正和他不謀而合，他根本沒有想到要和她結婚。但他還是假惺惺地說：

「我對你一往情深，妳可不能當作一杯水？」

「要是黃翰文講這句話，我倒相信，你可不是這種人。」

過了一會許亞琳又問他：

「黃翰文現在有沒有女朋友？」

「寡人一個。」廖聲濤聳聳肩。「妳是不是想替他做月老？」

「他對莊靜恐怕還沒有死心？我又不是三姑六婆，何必管這些閑事？他現在寫不寫詩？」

「叫化子自然盤蛇，他還是照寫。」

「他這人眞有一股傻勁。」她無可奈何地說：「他雖然對我有成見，我還是願意替他找出路。」

「你只想替他找出路，怎麼不替我介紹發表？」

「你吃什麼飛醋？」許亞琳嗤的一笑：「你寫過什麼？」

「妳別看左了！」他自負地說：「馮玉祥那種狗屁打油詩，我一天可以寫上好幾首！」

「你要是寫得出黃翰文那種作品，我可以要本報副刊替你出個特輯。」

「我黃羊上不了樹，妳怎麼不替翰文出一個？」

「你要他把稿子給我。」

廖聲濤抓抓後腦殼，把話題轉到他們兩人的私事上去。

他和許亞琳離開了兩三個月，兩人一同到許亞琳住處，廖聲濤心裡一高興，抱起她往床上一拋，她哎喲一聲，他雙手在床沿上一按，一個筋斗翻到床上，許亞琳打了他一下，他哈許亞琳的脅窩，兩人笑作一團。

一覺醒來，紅日當窗，廖聲濤剛一睜開眼睛，忽然聽見報販在外面邊跑邊叫：

「遠征軍大捷！攻克瓦魯班！殲滅第十八師團……」

廖聲濤買了一份報，報上說我軍攻克瓦魯班之役，把敵人最精銳的第十八師團全部殲滅，當場擊斃敵酋木村大佐，山崎大佐，石川中佐以下官兵五百餘人，連十八師團的關防也被鹵獲。

廖聲濤看完新聞，又接着看一篇隨軍記者的特寫：

野人山是一座綿延千里的原始森林。古木高聳雲天，蒼翠蔽日，肥碩的枝葉綠油油地發亮，雜草叢中蔓生着藤葛，緊緊地交纏於枝椏間，密如蛛網，整個森林是一片陰森林。山間瘴氣侵人，毒蛇猛獸深藏其中。身長數丈的巨蟒張着血盆大口，吐着火紅的舌頭，到處尋找食物；兇猛的虎豹，鼓着綠森森的大眼睛，隨時準備噬人、狼群哀號，悽厲如群鬼夜哭；猿猴成千累萬，跳躍於古樹之上，吱吱地叫；吸血的螞蝗，比毒蛇猛獸更加可怕。兩年前我遠征軍葬身於野人山者，白骨累累。此次捲土重來，不僅征服了這座「斷魂山」，也消滅了敵人最精銳的第十八師團，打了一個空前的大勝仗……

廖聲濤突然把報紙一扔，哈哈大笑：

「大飯桶打了一個大勝仗，我也打了一個大勝仗！」

「你打了什麼鬼的大勝仗？」許亞琳笑着問他。

他歪着眼睛望着許亞琳，許亞琳的臉微微一紅，用力捶了他一下。

中國軍人的勇敢善戰，已經蜚聲國際，國家地位正步步上升。

可是就在這個時候，國內戰事急轉直下，情勢非常不利。

長沙失守之後，日軍長驅南下，直撲衡陽，這纔遇到最堅强的抵抗。

黃翰君、謝志高的部隊奉令自長沙撤退，沿着粵漢鐵路邊退邊打，退到衡陽，便進入事先準備好的陣地，奉令死守。黃翰君守西門外的第一線陣地，謝志高守北門據點。

黃翰君進入西門外第一道戰壕時，早已人疲馬乏。自長沙撤退下來，他們已經幾天幾夜沒有睡覺，沒有吃飽。他兩眼深陷，鬍鬚彷彿新生的雜草。他本來是一個貪睡的人，沒有戰事的時候，如果遇到雨天，他會睡得連飯都不起來吃的。

他的防線是在一片橘子林裡，正面不過兩百公尺，但他這一連在長沙損失了兩個班，沿途又有死傷，實際的戰鬥力量只有兩個排。他把兵力佈署妥當，把背包往地上一放，便對副連長說：

「麻煩你先照顧一下，我躺幾分鐘再起來換你。」

他往泥地上一躺，頭枕在背包上，身體蜷曲起來，不到一分鐘，便呼呼地打鼾了。

謝志高住在北門口的一個姓許的老百姓家裡，這家人只留下一個六十多歲、鬚髮花白的老頭子看守房屋，其餘的人統統逃走了。

謝志高住進許家，老頭子眞是又驚又喜！謝志高看見他也很奇怪，怎麼這般大的年紀還留在危城裡？

「老太爺，您怎麼不走？」謝志高問他。

「連長，祖傳的房屋，總得有人照顧，我一走豈不爲雀空了窠？」許老頭說。

「老太爺，您年紀太大，何必冒這個險？」

「城裡也不止我一個人，」許老頭捋捋花白鬍鬚：「就是死也要死在自己屋裡。免得做孤魂野鬼。」

謝志高搖搖頭，他瞭解上一輩人的思想。許老頭看見謝志高搖頭，也坦然地說。

「連長，說實話，我並不想死。但願托你的鴻福，把鬼子打跑，讓我再過幾年太平日子。」

許老頭的話彷彿千斤重擔，突然加在謝志高的肩上，謝志高望了許老頭一眼：

「老太爺，我一定盡我的天職，不過您還是先走的好。」

「連長，希望你旗開得勝，馬到成功。我老頭子說不定還能派點用場？」

「老太爺，打仗是我們的事，您好好照顧自己。」

勤務兵已經替謝志高把背包打開，鋪在一張竹床上，許老頭子看了連忙對謝志高說：

「連長，房屋空得很，你到裡面床上去睡，竹床讓給這位弟兄。」

謝志高遲疑了一下，他的部隊雖然住慣了民房，但只住客廳，從來沒有住過人家的臥房。現在這家大房子只有許老頭一個人，沒有女眷，眼面前的這間臥房就是空的，住進去也沒有什麼關係。他感激地望了許老頭一眼，說了聲謝謝，吩咐勤務兵把軍毯搬進去。

這間臥房很寬敞，梳妝臺衣櫥之類的傢俱已經搬走，只留着一張鏤花的古老的大木床，這張床足可以睡五六個人。

勤務兵重新把軍毯舖好，謝志高交代了幾句話便和衣倒在床上，連脚上的草鞋也沒有脫。他和黃翰君一樣，倒下去不到一分鐘就睡着了。

晚上突然下起傾盆大雨，謝志高的部隊住在民房裡倒沒有什麽關係，嘩嘩的雨聲也沒有把謝志高吵醒。可是守在西門外橋林裡的黃翰君的部隊苦了，弟兄們沒有雨衣，大家都變成了落湯雞。新挖的戰壕經大雨一冲，泥土沙石紛紛掉下來，泥漿水很快就淹過了脚背，草鞋淌在泥漿裡，突然增加了重量，脚一移動就唧咕唧咕響。

黃翰君披着脫了膠的舊雨衣，彎着腰，捏着手電筒在戰壕巡視了一遍，弟兄們蹲在戰壕裡縮得像一團刺蝟，有極少數疲乏過度的弟兄，仍然在泥漿裡呼呼大睡，黃翰君隨手拖起一個，他像牛皮糖樣不能站立，黃翰君打了他一個耳光，他以爲是敵人摸過來，抓起步槍大聲喊「殺！」他「殺」字剛一出口，黃翰君就蒙住他的嘴巴：

「不准亂喊！我是連長！」

他還纔完全清醒過來。黃翰君放下手對他說：

「你睡得像隻猪！要是敵人眞的摸過來，早就把你宰了！」

這場大雨對他們實在是一個很大的折磨，戰壕裡的積水愈來愈深，有些地方已經淹到膝蓋，大家心裡非常苦惱焦慾，希望大雨快點停止，希望天快亮，甚至希望敵人快點衝過來，拼拚算了！黑夜裡守在泥泥水水的戰壕裡，淋着傾盆大雨，實在難受。人在苦難中，時間彷彿過得特別慢，一分鐘彷彿一個世紀。他們在心裡咒駡日本人，埋怨這種鬼天。

好不容易熬到拂曉時光，雨是漸漸地小了，而天馬山一帶高地的敵人大砲，却轟轟地打了過來。先是對準附近的房屋轟擊，而且發的是排砲，沒有多久，那些房屋都打得唏哩嘩啦，老百姓哭的哭，叫的叫，如喪家之犬，在橘子林裡亂竄，跑不了多遠，都被砲彈打死了，有一個女人被砲彈彈起一丈多高，血肉糢糊地吊在橘子樹上，腸子像彩帶，搖搖擺擺。

附近的房屋打平之後，又向黃翰君的陣地轟擊，砲彈落在戰壕的前後左右，破片掀起的泥漿落了他們一身一臉，士兵伏在戰壕裡頭都不敢抬，黃翰君和他身邊的機槍手目不轉睛地注視敵人的動靜。他們只有兩挺輕機槍，只有挨打，無法還擊。

突然一顆砲彈落在黃翰君左近，打倒了一個上等兵，他像條大泥鰍，在滿是泥漿的戰壕裡扭動了幾下就死了，血和泥漿火藥混在一塊，有一股特別的腥味。雖然沒有傷着黃翰君，泥漿却濺了他一臉一身，看來像個泥人。

戰壕塌了一大塊，一顆橘子樹倒了下來，正好橫跨在戰壕上面，作了黃翰君和那挺機槍的掩體。

敵人的砲火很猛，連續幾小時的轟擊，橘子林毀了很多，有些橘子樹攔腰截斷，有些橘子樹連根拔起，他們的戰壕也漸漸暴露出來，而且轟塌了十幾處。

中午，天馬山方面敵人的砲兵停止轟擊，黃翰君他們可不敢休息，他立刻傳令弟兄們修補戰壕，於是大家拿起圓鍬十字鎬，餓着肚皮工作。這時早已雨收雲散，炎日當空，陽曆八月陰曆七月初的天氣，正是這一地區最熱的時候，大太陽一晒，戰壕的積水熱得燙脚，很多弟兄的草鞋都爛了，赤着脚站在泥水裡，如同站在熱鍋裡。

黃翰君不斷地用那條沾滿了泥漿的破爛毛巾擦汗，他又餓又渴，打開水壺往嘴裡倒，一滴水也倒不出來，嘴唇一閉就黏在一塊。

弟兄們喝戰壕裡的髒水，黃翰君本來想叫他們不要喝，但他自己嘴裡快冒煙了，也忍不住捧了幾捧髒水喝下去，不用火燒，水已經有點燙嘴了。

正在饑渴如焚的時候，伙伕挑了飯菜過來，當他距離戰壕還有四五十公尺時，一顆砲彈突然飛了過來，正好在伙伕身邊炸開，伙伕連叫喊一聲都來不及，人已經炸得四分五裂了。

第二顆、第三顆砲彈又落在附近，行軍鍋打得跳了起來，飯菜與泥土齊飛。

三發砲彈過後，又戛然而止，顯然敵人是不准他們吃飯。

弟兄們氣得在戰壕裡大叫大罵，各地方言和一切粗話一齊出了籠，罵過日本人又罵自己人：

「我們的砲兵呢？砲兵死光了？」

「他媽的！敵人打了幾千發，我們一砲也沒有響，看着老子們挨打！」

「他媽的！步兵該死，只有拼刺刀的份兒！」

黃翰君氣得咬牙，但他沒有罵，他知道守長沙時砲兵連還有三門迫擊砲，這一路下來，連那僅有的三門小砲也丟了，即使保留下來，也不是敵人的對手。人家的砲多，口徑大，射程遠，假如他們也有同樣的砲，戰爭就不會失敗，也不會退到這裡來。他自二十八年參加作戰，幾乎每一場戰爭都是處於挨打狀態，幾次勝利，完全是以人命換來的。

他為了免得大家長久挨餓，臨時抽調一個弟兄下去接替那伙伕，同時命令特務長趕快進城去買行軍鍋。

下午三點多鐘，敵人又恢復攻擊，直轟到天黑才停止。他們尚未完全修復的戰壕，毀掉了百分之八十以上。

他們一槍未響，就死傷了二十幾個弟兄。

黃翰君發覺敵人第四次進犯長沙，砲兵比以前增強多了，他正面的敵人就有十幾門大砲。

晚上的空氣異常沉悶，無月，無星，鼻孔裡不時吸進一股潮濕血腥的味道。

黃翰君在黑夜中指揮活着的弟兄們在戰壕後面二十幾公尺的地方挖了幾個大坑，把陣亡的弟兄抬出戰壕，匆匆埋葬。

大家心裡都很難過，但是沒有誰哭泣流淚，他們心裡在想：

「明天不知道輪到誰？」

他們剛剛把陣亡的弟兄埋好，又唏哩嘩啦地下雨了！黃翰君正準備命令弟兄們漏夜搶修戰壕，這場大雨一下，什麼也幹不成了。

「明天怎麼挺得下去？」他心裡在這樣焦慮。

以他的經驗判斷，明天天一亮，敵人準會繼續砲擊，敵人的企圖，是想打垮他們這一線，肅清城外障碍，然後再對城內攻擊。現在他們的工事幾乎全毀，又沒有砲兵支援，要想挺住是很不容易的。

大約九點多鐘，雨勢漸小，黃翰君馬上命令弟兄們搶修工事。弟兄們雖然一天沒有吃東西，爲了自己的安全，立刻拿起圓鍬十字鎬摸索着幹。

他們正在埋頭搶修工事，上面突然命令他們馬上轉移到敵人的砲兵陣地後方去，拊敵之背，免得在城外挨打。衡陽的城牆堅固，敵人不容易一下攻入。

於是黃翰君立刻拖着部隊，往南面迂迴。

天雨、路滑、夜黑、他身先士卒，在前面摸索着前進，在田埂路上摔了好幾跤，有一次幾乎摔進水塘裡。

在黑暗中，繞了三四個鐘頭，纔繞到天馬山後面的丘陵地帶，那邊沒有工事，他們到達之後立刻取下圓鍬十字鎬，挖掘散兵坑，挖到拂曉，剛好完成，他們滿以為可以好好地休息一會，沒想到他們後面約三千公尺的丘陵地帶突然出現了一大隊日本步兵，構築工事，這些敵人似乎是剛剛進據這一高地，對黃翰君他們恰好造成了反包圍，黃翰君發現這一情勢，知道非常危險，來不及撤退，立刻命令弟兄們隱蔽，靜候上面的命令，如果萬一打了起來，很可能完全被敵人消滅。

他們隱蔽了一天，沒有任何動作。敵人都在埋頭做工事，加強對衡陽的包圍，同時阻止我軍由湘桂路增援，顯然他們是有周密的作戰計劃的。

這一天眞是度日如年，大家沒有吃一點東西，黃翰君對於當前的情勢非常焦急，不知道上級有沒有什麼對策？

入夜以後，天空仍然昏暗，但沒有下雨。

午夜，黃翰君突然奉到命令，要他沿鐵路線以南向祁陽方面突圍，他立刻遵照命令迅速行動，神不知鬼不覺地脫離了戰場。天亮時，他的部隊和其他部隊在潭子山會合了，除了他自己的部隊不足兩排人之外，他發覺其他的部隊並沒有多大的損失，他不知道師長把他們撤出戰場是什麼用意？以他的部隊來講，這點人當然起不了作用，以整個部隊來講，雖然不能解衡陽之圍，牽制敵人還是可以的，但他們並沒有在潭子山這方面佈置陣地，反而退到祁陽整補。

他們這一支部隊脫離戰場之後，敵人對衡陽的圍攻更急，天馬山的大砲不再轟擊西門外橘子林陣地，他們已經發現這一線陣地的守軍已經撤退，於是砲口對準城裡，整個衡陽城，都在敵人的砲火控制下。

所有的城門都已關閉，門裡堆了一人多高的沙包，城牆上、街道上都用沙包構成掩體，十字街口的沙包陣地更加厚實。

每天天一亮，敵人就開始砲擊，一次砲擊往往連續三五個鐘頭。偶爾夜晚也轟擊一會，砲口閃着紅光，砲彈成拋物線射進沒有一點燈光的漆黑城市，落進民房造成一團團火光，燃燒的房屋彷彿一堆堆篝火，把漆黑的城市照得通天徹亮。

敵人的砲兵連續轟擊了一個禮拜，步兵纔開始試探性的進攻，都被城牆上的守軍擊退了。

一天夜晚，湘江東岸的敵人，乘着橡皮艇向謝志高據守的北門陣地偷襲，大約有一百多敵人登陸之後纔被發現，謝志高立刻命令城牆上的三挺機槍手以交叉火網射擊，結果這一百多敵人一個也沒有跑掉，其餘的橡皮艇連忙調頭逃逸。

古老的城牆爲守軍爭取了不少時間，房屋毀了，沙包陣地毀了，人也死傷很多，唯獨城牆只補搶幾處缺口，敵人的步兵幾次向這些缺口衝鋒，都沒有得逞，一有喘息機會，他們就連忙搶修。

除了敵人之外，謝志高他們感到最大的威脅是，子彈不足，糧食缺乏，只有消耗，沒有補充。他們原來還指望有其他部隊前來解圍，但盼望了個把月仍然沒有一點消息，後來又請求空投接濟，運輸機有時夜晚來又會弄錯目標，彈藥糧食往往投到敵人陣地上。他們懊喪之餘，只好決心與衡陽共存亡了。

謝志高一直是吃許老頭的糧食，許老頭原來準備一個人吃的幾斗米，一天天減少，最後只剩下兩三天的糧食了，謝志高不敢再吃下去，等他吃飯時故意走開。他的弟兄們也是吃老百姓的糧食，他們把附近空屋的餘糧統統搜出來吃了，連米糠也弄來充饑，最後還是沒有辦法維持下去。

許老頭發覺謝志高故意躲避開，不吃他的東西，誠懇地對他說：

「連長，人是鐵，飯是鋼，不吃飯怎麼打仗？」

「老太爺，我再吃下去您也會餓死。」謝志高說。

「嗨！現在是什麼時辰日子？我還能活一百歲？說不定今天明天一顆砲彈打來，我兩腳一伸，那就用不着吃了。」

「老太爺，您的好意我心領了，您還是留着自己度命吧。」

「如果你不肯吃，我就把幾那升糧食一頓吃掉！」許老頭生氣的說。

謝志高只好繼續又吃了一天兩頓稀飲，直到吃完爲止。結果彼此挨餓。

餓了兩天兩夜，許老頭支持不住，他請求謝志高給他一槍，謝志高向他苦笑：

「老太爺，這最後一顆子彈我要留着自己用。」

「唉！年輕人！」許老頭望着謝志高瘦長的身子嘆了一口氣：「你花未開，果未結。」

「老太爺，看看這次我要死在你們衡陽了！」

「能活下去就活下去，說不定吉人天相，以後打鬼子的機會還多……。我看這個仇是越結越深了……」

許老頭剛說到這裡，敵人突然又進行轟擊，謝志高把許老頭一拉，想把他拉進沙包，一個砲彈的大破片斜裡飛來，剛好插進許老頭的胸口，他啊了一聲，胸口鮮血直噴，謝志高連忙托住他倒下的身體，他已經氣絕。張着嘴吧，瞪着眼睛。

砲彈如雨般地落下來，謝志高只好放下許老頭，爬進沙包裡面。

這次轟擊，房子毀了更多，人也死得更多，幾乎每個沙包裡面都有屍體。

這天夜裡，敵人的步兵四面發動攻擊。謝志高他們雖然發覺敵人一步步進逼，但是沒有辦法，因爲他們只剩十幾個人，槍膛裡沒有子彈，人也餓了兩天。

一陣紊亂的肉搏之後，弟兄們死的死，散的散了。謝志高在黑暗中縮進小巷裡一家倒毀不多的民房，隱藏起來，他的手槍還剩下最後一顆子彈。

第二天天一亮，他纔發現自己躲的地方是一個倒了一邊牆的柴房，他率性躲進柴堆裡去，眼睛可以從柴縫裡朝外窺探。

沒有多久，一個蓬頭、面色浮腫的女人走了進來，他先是一驚，隨後叫了一聲大嫂，走了出來。

這女人突然看見他，驚駭得目瞪口呆，謝志高輕輕對她說：「大嫂，請你借套便衣給我穿穿。」

她上下打量了他一眼，瞭解他的意思，馬上走進房去拿出一套舊的藍布衣褲給他。他迅速地換了，把手槍插在褲腰帶上。

「同志，現在停火了，何必帶槍？」她望着他的手槍善意地說。

「現在還是兵慌馬亂，帶着防身。」謝志高說。

她不再多嘴，連忙把他的軍服收藏起來。她的房屋也是東倒西歪，只有臥房牆壁未倒，她一個人非常害怕，勸他到她房裡躲藏一下，再想辦法一道逃走。

走進她的房間，他纔知道她是一個產婦，生產還不到十天，原先因爲行動不便，沒有逃走，陪伴她的丈夫在她生產前幾天被砲彈打死了。

她知道他兩天沒有吃東西，便把她自己吃的米糠煮的糊粥，盛了一盌給他。

隨後他躲藏在她床後面，有一塊藍布帘子遮着。他本來預備晚上溜出城去，泅水逃走，沒有想到下午兩點多鐘，來了兩個日本兵，上身赤膊，下身用一塊白布兜着，腰間紮着一根寬皮帶，屁股後面掛着一把刺刀。

當他們一前一後闖進房來，那女人大驚失色，坐在床上直打哆嗦，幾乎哭了出來。

前面那個光腦袋的矮胖子，望着她獰笑，一步一步走近她，突然用力把她往床上一按，她大聲嚎哭起來。

謝志高站在光線暗淡的床後面，看得清清楚楚，他不顧一切，朝那個矮胖的鬼子的光腦袋上打了一槍，那鬼子馬上栽倒在地上。後面那個戴眼鏡的傢伙大驚失色，正想抽出刺刀，謝志高衝了出來，把手槍朝他臉上擲過去，把他的眼鏡打得粉碎，破片刺傷了眼球，他雙手蒙着眼睛嚎叫逃跑，謝志高連忙拾起手槍在他的光腦袋上重重地敲了一記，他晃了兩晃昏倒下去，謝志高跨在他的身上，雙手扼住他的頸子不放，直到他兩眼突出，窒息而死，這纔把手放鬆。

那女人駭得癡癡呆呆，謝志高提醒她趕快一道逃走，她纔慢慢清醒過來。她說邵陽鄉下有個親戚，可以逃到那裡去躲避一下。

於是他們僞裝成夫婦，她抱着嬰兒，裝成病婦，他扶着她。慢慢地向小西門走去。他們裝得很像，謝志高的應付也很得當，終於雙雙脫離了虎口。

謝志高把她護送到邵陽鄉下一個親戚家裡，便從湘西向重慶進發，他此時已經無隊可歸，他那一軍人在四十九天的血戰中全部在衡陽城裡犧牲了，少數僥倖不死的也作了階下囚，像他這樣逃出來的實在很少。

他沒有一文錢，也沒有任何證件，沿途乞討度日。

在芷江附近，他遇到了一個接收新兵的部隊，他們看他一個人在路上行走，一位下士班長把他逮住，說他是逃兵，他極力申辯，把經過情形告訴那位班長，那位班長冷笑一聲：

「放你娘的狗屁！守衡陽的部隊全部死光，你分明是個逃兵，還敢扯謊？老子不槍斃你就算你祖上有德。乖乖地跟老子走！」

隨即在腰間解開一根蔴繩，伸手拴謝志高的臂膀，謝志高火了，指着他破口大罵：

「渾蛋！你簡直無法無天！」

他馬上給謝志高當胸一拳，謝志高立刻還手，兩人打了起來。另一位班長馬上跑過來，雙手抱住謝志高，謝志高已餓得精疲力竭，自然不是他們的對手，他們很快地把他制服，又打了他幾拳，踢了幾腳，用皮帶抽了他一頓，還悻悻地大罵：

「混蛋！好大的狗膽！老子斃了你！」

謝志高吃過大虧，連罵的力氣也沒有了。

部隊休息時，他們把他拖到一棵大樹脚下，解開繩索，拿出一套舊軍服，命他穿上。指着坐在地上的一堆人對他說：

「到第三班去，如果偷跑，就槍斃你！」

他無可奈何地走到那一堆人中間坐下，那些人同情地望望他。

晚上宿營時，正好是他昨天晚上歇脚的村莊，他和別人蹲在塘邊洗臉洗脚，忽然發現一位少校經過，最先看見的士兵發了一個立正口令，少校舉手還了一個禮，他注目一看，不是別人，正是同隊同學梁正民，他叫了一聲，便跑過去，梁正民一怔，他馬上報出自己的姓名，梁正民再仔細打量他一眼，纔認出來。

梁正民精明得很，不站着和謝志高敍舊，也不和他握手，帶着他走進自己的房間，隨手把門關上。

「老謝，究竟是怎麼囘事？」梁正民問。

謝志高重重地嘆口氣，便把經過情形一一告訴他，說到自己被拉作壯丁挨打，氣得跳了起來，梁正民連忙道歉：

「大人不見小人怪，他們眞是有眼不識泰山。」

「老梁，你的部下怎麼可以這樣亂來？」

「沒有辦法，逃兵太多，他們只好拉人抵數。」

「他們一定不給士兵吃飽。」

「這我不敢擔保，不過那些鄉巴佬怕死也是事實，他們一聽見槍聲就發抖，你要是帶過新兵就知道。」

「這次我要不是遇上你，那二等兵當定了，說不定他們還會把我當作逃兵槍斃！」

「不會，不會。」梁正民連忙陪個笑臉：「好歹總要人來湊數，揑個泥巴菩薩也要費力。」

「老梁，如果那班長是我的部下，我早就槍斃了他！」謝志高餘怒未息。

「你放心，我會處罰他。」梁正民笑着安撫謝志高。

「老梁，我坦白告訴你，如果你不整頓軍紀，你就別想老百姓合作。」

「我知道，問題是逃兵太多，不讓他們臨時拉幾個壯丁又有什麼辦法？我一個人總不能打仗呀？」

「你這是越拉越亂，拉的多逃的更多。」

「不止我的部隊如此，別人也是一樣。」

「老梁，這不是辦法。」

「你以爲我會那樣傻？盡拉些連立正稍息都不會的活老百姓？」梁正民得意地一笑：「我第一個目標是散兵游勇，其次纔是壯丁。」

「那你把我當作散兵游勇還是壯丁？」

梁正民哈哈一笑，拉着謝志高的手說：

「我把你當作上賓。」

「想不到我作了一個挨打的客人！」謝志高自嘲地說。

「老謝，宰相肚裡好撐船，我叫王班長來向你陪禮。」

「你趁早別叫他來，」謝志高指着梁正民掛在牆壁上的手槍：「我會打穿他的腦袋。」

「請你留他一條狗命，我一定會揍他一頓屁股。」

「老梁，你別在我面前賣關子，少嘉獎他幾句就行。」

梁正民嘿嘿一笑，裝腔作勢地說：

「老謝，你不相信，我當面打給你看？」

「算了，算了！」謝志高搖搖手：「醜了媒人，醜了小姐。幸好是我，要是別人，小心砸了你的金字招牌。」

梁正民一笑，用力在謝志高的肩上一拍：

「老謝，你眞是嘴不饒人！」

梁正民這一拍，正好拍着謝志高的傷處，他痛得眉頭一皺：

「你有沒有藥？我被你的寶貝班長打傷了。」

「唉！眞抱歉？連阿司匹林都沒有！我請個教師爺來替你推拿一下吧！」

說着他就吩咐勤務兵出去找專治跌打損傷的教師爺。過了一頓飯工夫，勤務兵帶了一個頭髮花白，面色紅潤的鄉下人進來，他把謝志高的傷處檢查了一遍，在那些青紫的地方用手按按，要了杯高粱酒，立刻給謝志高推拿起來。

「傷得怎樣？」梁正民問教師爺。

「傷得不輕，幸好日子不久，不然就痲煩了。」教師爺回答。

「要多久的時間才會好？」謝志高躭心地問。

「推拿三五次就行。」梁正民拿了幾張鈔票給教師爺，他不肯接受。

「教師爺，你是不是嫌少。」梁正民說。

「好說，好說，你們保國衞民，我怎能貪這點小利？」教師爺謙辭而去。

謝志高很感動，梁正民面有慚色。

梁正民為了表示歡意和慰勞，特別要伙伕燉了一隻老母雞，弄了一瓶高粱，兩人對酌。這兩三個月來，謝志高常常三兩天沒有飯吃，面對着這樣的佳肴美酒，食量大增，豪興勃發，他的酒量本來很好，喝完了一瓶梁正民又加一瓶。

「老梁，我很久沒有這樣吃過喝過了。」謝志高感慨地說。

「你總算撿了一條命，我還不知道那天死？有機會還是吃點喝點算數。」梁正民說。

「老梁，你討老婆沒有？」謝志高忽然問他。

「自己都不知道那天死，何必害別人做寡婦？」梁正民說。

「除了洪通以外，我們這些人都是光桿。」謝志高說。

於是梁正民問起黃翰文他們和洪通的情形，謝志高都告訴了他。

「想不到洪通比我們先結婚？又爬得那麼快？」

「他有他的一套，那是步兵操典上學不到的。」謝志高舉起杯子一飲而盡。

沙罐裡的雞統統吃光。這夜謝志高睡了一個好覺。

他們分手時，梁正民送了一點錢給謝志高作路費，另外送了一套軍服，發了一張差假證，謝志高纔能順利地到達重慶。

可是他走得比日本人快不了多少，當他到達重慶時，日本人已經打過桂林了。

第六十六章　新軍威名寒敵膽
老友皮靴贈故人

衡陽桂林的先後失守，像兩次大地震，使重慶搖晃起來。桂林一丟，有錢人家的太太小姐們，就先提着箱箱籠籠，逃往成都。自己有小包車的，連貓兒狗兒也一道帶去。而廣西貴州方面，却有幾十萬難民擁擠在公路上，想到重慶而不可得。

謝志高的突然到來，黃翰文他們眞是又驚又喜。

當他們知道謝志高的那段經歷之後，都爲他慶幸，廖聲濤拍拍謝志高的肩膀說：

「志高，大難不死，必有後福。」

「不作亡國奴就算萬幸，還有什麼後福？」謝志高感慨地說。

「到衡陽之後，你和我哥哥一直沒有碰頭？」黃翰文終於忍不住問。

「我守城裡，他守城外，一直沒有聯絡，怎麼他沒有信給你？」

黃翰文搖搖頭。

「這種仗實在難打得很！我們完全沒有砲兵支援，敵人的砲比以前任何一次戰役都多，我們步兵只有挨打，連還手的機會都沒有，不然衡陽不會丟，桂林也不會丟得這樣快。我想翰君的情形和我差不多，不過城外要好一點，還有突圍的機會，不像我們關起城門挨打。」

「前方的情形一直很亂，打聽個人消息更像海底撈針，假如你不到重慶，我們眞以爲你死在衡陽了。」

「但願翰君也和我一樣幸運。」

其實，黃翰君正在桂林以南作戰，只是情形非常艱苦。他們雖然在祁陽補充了一部份新兵，又毫無作戰經驗，安東全縣兩仗下來，死的死，逃的逃，整個部隊七零八落，殘餘的老兵疲憊不堪。因爲他們自長沙作戰以來，一連好幾個月都沒有休息。

敵人從湘西廣西分兩路直趨獨山，西南戰局急轉直下，情況一天天惡化。雖然在緬甸戰場的新軍勝利消息不斷傳來，已經引不起重慶人的興趣了。

謝志高因爲長官和同學的關係，重新安置了工作，個人問題是解決了，但他對於大局更加憂慮，他從戰場下來，對實際情況很瞭解，他認爲如果沒有精銳部隊投入這個戰場，很難阻遏敵人的攻勢。

正在情況十分危急的時候，敵人的攻勢突然頓挫下來，報紙上說我生力軍已抵達前方，在緬甸的新軍也抽調一部份回來，頹廢的人心又爲之一振。從緬甸抽調回來的新軍正是劉漢民他們這個部隊。

當劉漢民這批新軍到達之後，黃翰君他們這些疲憊不堪的部隊彷彿打了一針強心針，馬上振作起來。他們在大雪中一鼓作氣，聯合出擊，銳不可當。尤其是劉漢民他們這批新軍，個個士飽馬騰，根本沒有把日本人看在眼裡，他們以輕便而火力旺盛的衝鋒槍，火焰噴射器，對付這支深入地無三尺平的貴州山地得不到砲兵充分支援的敵人，的確綽有餘裕，比這支敵人精銳多少倍的十八師團，都被他們在地形更加險惡的緬甸叢林打得落花流水，到了這邊更是勇往直前了。

劉漢民的部隊一投入戰場就打，根本沒有時間和黃翰君交談，直到把敵人擊退，協同追擊時，接觸的機會纔比較多。

一個天寒地凍的夜晚，他們的部隊都宿營在一個小鎮上待命，劉漢民看黃翰君一身舊灰棉軍服，棉花一團一團地掉到衣角下面，胸口和背心僅僅兩片薄布貼着，寒風陣陣吹來，鑽入骨髓，怎樣的好漢，也難抵擋這種寒氣，黃翰君自然不免瑟縮起來。劉漢民特地把自己的一件毛衣送給他穿。黃翰君高興地脫下自己的舊棉軍服，把劉漢民送的毛衣穿上，笑着對劉漢民說：

「你這眞是雪裡送炭。」

「天氣太冷，我看你實在抵不住。」

「我自己冷得發抖不敢作聲，還要在弟兄面前打腫了臉充胖子，叫大家不要怕冷，這滋味眞不好受。」

「這種天氣還穿草鞋，國內的部隊實在太苦了。」劉漢民說。這幾天來他看到黃翰君的部隊穿着草鞋在冰雪上追趕敵人，心裡有點不忍，很多弟兄腳上長了凍瘡，走起路來一跛一跛。

「打敗仗固然是我們的羞恥，可是我們的裝備太差，又有什麼辦法？假如我們也有美式裝備，就不會勞動你們從緬甸趕回來了。」

「我們中國人不是不會打仗，在緬甸的美國人總是向我們翹起大姆指。」

寒氣太重，黃翰君吩咐勤務兵抱了一抱枯枝和樹椿進來，放在破臉盆裡生火。

劉漢民看看黃翰君那雙空前絕後的破膠鞋，紅腫的脚指露在外面，他這纔想到黃翰君不僅需要毛衣，也需要鞋襪，他對黃翰君說：

「我還有一雙短統皮靴，兩雙毛襪，待會兒你拿過來穿。」

「凍脚穿皮靴更糟，你『補給』我一雙毛襪就行了。」黃翰君說。

「兩雙都給你，」劉漢民把褲脚管往上一捋，露出米黃色的厚毛襪來：「如果你早穿上這種毛襪，脚就不會凍。」

黃翰君伸手摸摸劉漢民的襪子，又軟又厚，不禁咧嘴笑着說：

「不要說穿，我做夢也沒有想到，草鞋費有兩個月沒有領了。」

寒風從門縫裡鑽進來，如同一把鋒利的鋼刀，黃翰君的小勤務兵首先打了一個寒噤。他們兩人要他坐近火盆。劉漢民摸摸他的頭說：

「小子，你幾歲了？」

「十六。」小勤務兵紅着臉回答。

「看樣子他還是個老百姓？」劉漢民望着黃翰君說。

「他本來是個小難民，到我連上還沒有一個月，連立正稍息都不會，只好讓他當勤務兵。」黃翰君說。

「小傢伙，你能吃這個苦？」劉漢民問他。

「比逃難好些，」小勤務兵愉快地說：「逃難沒有飯吃。」

「有一天我發現他向伙伕討鍋巴，把他收留下來，將原來的傳令兵調作列兵，那時每班不到十個人，實在挺不住。如果你們不及時趕到，日本鬼子也許會一口氣衝到貴陽？」黃翰君說。

「如果從緬甸調一個軍來，我們一口氣就可以把鬼子趕到長沙。」劉漢民充滿信心地說。

接着他又告訴黃翰君他們在緬甸叢林怎樣和日本人打仗？怎樣用火燄噴射器對付躲在碉堡裡面的敵人。

「我們用火燄噴射器把鬼子活活燒死，像在灶裡烤猪；弟兄們端着卡賓槍衝進第十八師團師司令部，一陣格格的掃射，鬼子一個也沒有逃掉。」

「你參加遠征軍很對，當軍人就要幹這種部隊。」

「美國軍人比我們更痛快，他們眞正做到軍事第一，前方第一。老百姓沒有的，軍人有，後方沒有的，前方有。我們不過是禿子跟着月亮走——叨光。像我脚上這種襪子，他們穿幾次就丟了，我們還把它當寶貝。」

「我還沒有開過洋葷！」黃翰君感嘆地說。

「你要小傢伙跟我去，馬上帶來。」劉漢民站起來說。

小勤務兵跟着站起來，他穿着大人的棉軍服，袖子褲子長了一大截，統統捲了起來。劉漢民看了好笑，黃翰君對他說：

「好，小子，你不要去，我派人送過來。」劉漢民摸摸他的頭說。

黃翰君把劉漢民送到門口，門一打開，一陣寒風直衝進來，他們都打了一個寒噤。劉漢民把軍呢服外面的夾克領子往上一翻，低着頭衝出門去。走到外面又站直身子回過頭來問黃翰君：

「明天追不追擊？」

「大亮以前會有命令。」黃翰君回答。

「我眞希望早點打回老家去。」劉漢民說着，隨即消失在黑暗的夜裡和呼呼的寒風中。

第六十七章　洋煙酒氣薰人醉　鞭炮聲中勝利來

前方勝利的消息不斷傳來，重慶的人心大爲振奮，很多收拾了箱籠準備向成都逃難的人，這時又安定下來。

黃翰文他們也收到了劉漢民和黃翰君的報捷信，他們高興得了不得。幾個人湊起來買了一瓶酒，一大包花生米和醬乾大大地慶祝一番。

苦難的日子像蝸牛爬牆壁一樣，慢得實在令人心焦，前方雖然斷斷續續地傳來勝利消息，但還是看不見一線勝利的曙光，物價的壓力已經使人透不過氣來。儘管百貨店的窗櫥裡有飛越駝峯而來的奢侈品，他們連望都不敢多望一眼，只有少數發國難財的人纔能一擲千金，買最新的派克五十一型鋼筆，阿米茄手錶，喝威士忌，抽馬立斯，紅吉士和駱駝。一天晚上，廖聲濤帶了幾枝駱駝牌的香煙回來，故意掏出一枝在黃翰文和謝志高面前一晃。他們沒有看見過這種枝頭長、又有一種強烈沖鼻的味道的香煙。

「這是那一家煙廠出的？」謝志高問他。

「你眞是有眼不識泰山，」廖聲濤把煙遞過去：「這是美國貨，你再看看上面的英文字是不是 Made in U.S.A. 的?」

「你在什麼地方弄到這種來路貨?」許挹清笑着問他。

「別人送我的。」廖聲濤得意的說着,擦燃一根火柴,自顧自地吸了起來。再慢慢地從口袋裡掏出一枝遞給謝志高:

「你抽不抽?」

謝志高搖搖頭

「誰送你的?」黃翰文問廖聲濤。

「這你可猜不着!」廖聲濤神祕地一笑。

「不是貪官汚史,就是奸商。」

「這種帽子,你怎麼可以隨便給人?」

「天曉得是那個狗肉朋友送你的?」

「提起此馬來頭大。」廖聲濤故弄玄虛。

「誰?」

「許亞琳。」

「她怎麼會有這種煙?」黃翰文不相信。

「人家當記者的自然神通廣大，去美國大使館像走娘家，一般老美就更不用說了。」

「看樣子她倒很有苗頭，我還沒有見過她的大駕哩。」謝志高說。

「一隻狐狸精，不見也罷。」黃翰文說。

「他是糞坑的石頭，不然早就成了名，五一型的派克鋼筆都會送給他。」廖聲濤對謝志高說。

謝志高問黃翰文是怎麼一回事？黃翰文搖搖頭：

「你別信他胡扯。」

廖聲濤揚揚自得地抽 Camel 還不時捏在手裡端詳一會，又突然哈哈大笑。

「你笑什麼？」謝志高奇怪地問。

「我笑我們都是一群大傻瓜！」廖聲濤說：「人家洋煙洋酒，好像只有我們應該吃苦，抗戰完全是我們的事？」

「你看見誰山珍海味，大吃大喝？」黃翰文問。

「恕我不能指名道姓，但是紙包不住火！你不相信去館子裡調查一下，賬房會告訴你幾兩黃金一桌的酒席照樣有人吃，而且生意越來越好。」

謝志高和許挹濤都睜大了眼睛望着廖聲濤，黃翰文對他們說：

「別信他胡說八道。」

「我胡說八道？」廖聲濤從褲子口袋裡掏出一包駱駝煙，高舉起來：「這是事實，抽這種煙的人多的是，你少見多怪，還說我胡說八道！」

黃翰文無話可說。廖聲濤却又奚落了幾句。

最近一年來黃翰文連茶館也很少去坐，這個社會究竟有多大的改變？他實在有點摸不清楚了

黃翰文突然被劈劈啪啪的鞭炮聲吵醒。聽見有人高興地大叫：

「廣島落了原子彈，……日本鬼子無條件投降了……」

黃翰文一躍而起，跑到窗口向街上一望，天已大亮，商店用竹桿掛着鞭炮，從樓的上窗口伸到街心，劈劈啪啪地放，很多人在街上大叫大笑，摟摟抱抱，鬧成一團。報童手舉號外在街上飛跑，邊跑邊叫：

「東洋鬼子投降了！東洋鬼子投降了！」

黃翰文轉身跑到謝志高和許挹清的床邊，用力搖他們：

「喂！日本投降了！日本投降了！」

謝志高和許挹清一躍而起，揉揉眼睛問：

「眞有這回事？」

「一點不假！」

黃翰文一面回答，一面又去搖廖聲濤：

「懶鬼！廣島落了原子彈，你還在睡大覺！」

廖聲濤嘴裡唔唔，眼睛也懶得睜開，黃翰文用力一推：

「日本人投降了，你還在睡懶覺？」

廖聲濤慢慢睜開眼睛，黃翰文又說了一遍，他伸了個懶腰，咧嘴一笑：

「嘿嘿！天官賜福，最後勝利真的從天上掉下來了！」

第六十八章　遊行隊中紅欲滴　松花江上醉人狂

街道上的爆竹屑舖了一地，「下江人」都快樂得近乎瘋狂，沒有一個人再愁眉苦臉，大家笑逐顏開，彷彿中了頭彩，八年的愁苦，都化作一團歡笑。

勝利的狂歡一連持續了幾天，而以勝利大遊行爲最高潮。遊行的晚上，龍燈、高蹺、旱船，所有新年遊藝節目統統搬了出來，再加上武裝部隊，使這遊行空前熱烈。

黃翰文、謝志高、廖聲濤、許挹清他們也參加了遊行，他們手舉小國旗，不停地揮舞，不斷地呼喊口號。廖聲濤喊得更起勁，更響亮，彷彿這個仗是他一個人打勝的。

爆竹聲、鑼鼓聲和口號聲響作一片，街上人潮洶湧，一波接着一波，一隊接着一隊，摩肩擦背，彷彿重慶市所有的人都擁到街上來了。

攝影記者趁遊行隊伍緩緩行進時大搶鏡頭，有的高踞商店樓上的窗口，有的搶在隊伍前面，大家把照相機對準中美英蘇領袖肖像和長蛇般的隊伍，閃動着鎂光燈。

在記者群中，黃翰文發現了許亞琳，她穿着陰丹士林旗袍，披着一件鮮紅的毛線短外套，嘴上塗了口紅，顯得風緻嫣然。黃翰文指着她悄悄地對謝志高說：

「那就是許亞琳。」

「長得不壞嘛。」謝志高笑着說。

「不然我怎麼叫她狐狸精？」

「聽說她對你很好？」

「算了，她嘴甜心辣。」

「廖聲濤還和她鬼混？」

「他的事兒難說得很！」

謝志高回過頭來看看，不見廖聲濤的踪影，他有點奇怪。

黃翰文也回過頭來望望，發現他正在人堆裡向許艷琳身邊擠過去。

遊行的隊伍直到一點多鐘纔解散，大家的興緻還很高，年輕人在街上又唱又笑，你推我一下，我拉你一把，彷彿喝醉了酒一般，踏着醉八仙的步子，歪歪倒倒地行走。有的人大笑大叫，單手揮舞着沒有燒完的火炬，像舞龍一般，舞得火星直射，火炬在空中飛舞，更熊熊地燃燒起來。

許艷清看見這種情形，笑嘻嘻地說：

「大家都瘋了。」

「不要暈了頭，以爲從此天下太平了。」黃翰文說。

「他們怎麼會想得那麼多？」謝志高說：「連廖聲濤都暈頭暈腦。」

一個喝醉了酒的中年人，手裡握着一隻空酒瓶，歪歪倒倒，哈哈大笑地向他們迎面走來，走到他們面前一把拉住黃翰文，打着酒呃說：

「同志，你有沒有辦法弄張飛機票？咱，咱，咱要趕回老家去。」

他這樣沒頭沒腦地一問，他們幾個人都楞住了，黃翰文搖搖頭，他失望地放下手，又嘿嘿地笑起來，邊笑邊說：

「唉！飛機票比老婆還難找！」

「你府上是什麼地方？」黃翰文問他。

他把空酒瓶往嘴裡一倒，又哈哈大笑，唱了起來：

「我的家，在東北松花江上………」

他邊唱邊走，歪歪倒倒，黃翰文笑着說：「想不到他還是漢民的老鄉？」

「那他比我們回去更困難。」謝志高說。

那個醉漢走着，唱着，不時仰起脖子把空酒瓶往嘴裡倒，沒有倒出什麼，他生氣地把酒瓶往路邊的一棵大樹幹上一扔：

「去你個忘八羔子，咱明天回老家去喝高粱，咱再也不是亡國奴了！」

他哈哈大笑，歪歪倒倒地走了。

他們望着他孤單的背影，和嘉陵江上如鱗的閃光，感到有點迷惘………

狂歡過後，街上的地攤，如雨後春筍般地爆出來。

外鄉人都急於歸去，爲了減輕累贅，籌措路費，紛紛把自己的衣物擺在熱鬧的街頭拍賣，一床軍毯，或是一床舊的被單，就組成了一個地攤，上面放着春夏秋冬的衣服、棉被，和較爲值錢的用具。毛線衣雖然正當令，也有人擺了出來，毫不痛惜，彷彿一回到家裡什麼都有似的。

晚飯後，黃翰文、廖聲濤、謝志高、許揾濤，結伴上街，他們發現一個非常奇怪的現象，物價徙然猛跌，不但地攤上的東西便宜得駭人，店舖裡的東西也跌了很多，有很多店舖貼出「復員還鄉，貼本求現」的紅紙條子，生意還是很清淡，看的人多，買的人少。

他們逛到一個三十來歲的俏婦人的地攤面前，那婦人堆着笑臉，拎起一件棗紅毛線衣，操着江浙口音對他們說：

「官長，這件毛線衣還有九成新，眞正的蜜蜂牌，我先生一直捨不得穿，我看你們穿着倒很合適，價錢交關便宜。」

「何必賣呢？這麼好的毛線衣。」黃翰文說。

「官長，要回家嘛，」那俊俏的婦人一笑：「回家自然要路費呀！逃了八年難，帶出來的老本坐吃山空，不賣回不了南啦！」

「你府上什麼地方？」謝志高問。

「蘇州。」她笑着回答

「好地方。」

「聽你官長的口音好像也是下江人？」

「小地方杭州。」

「嗬！蘇杭是鄉親，我們都是下江人。」

她不但俊俏，口齒也很伶俐，一口吳儂軟語，非常好聽，他們幾個人都被她說得笑了。

她看見他們笑，又提起那件毛線衣抖了幾下，望着謝志高說：

「鄉親，我看你跟我先生的個子差不多高，你拿去穿吧，半賣半送好了。」

她這一說，謝志高倒不好意思不買，但口袋裡沒有帶錢，他望望黃翰文，黃翰文會意，鼓勵他買，因爲他是光人從衡陽逃出來的，現在天氣涼了，也需要一件毛衣。

「多少錢？」謝志高笑着問。

「我說了半賣半送，鄉親，你隨便給吧？」她望着謝志高笑瞇瞇地說。

謝志高有點爲難，黃翰文掏出三張百元關金鈔票給他，他統統交給她了。

她非常高興地接過錢，交過毛線衣，又嫣然一笑：

「鄉親，要不是爲了回南，我眞捨不得賣呀，這件毛線衣是我一針一線織起來的。」

「那要謝謝儂了。」謝志高笑着說。

她也一笑，隨後又突然想起什麼似的問謝志高：

「鄉親，你能不能想想辦法替我買幾張下水船票？我們排隊也買不到，看樣子一個月也走不了！」

這幾天他們曾經去碼頭看了一下，輪船公司，碼頭上，都擠滿了等着還鄉的人，民生輪船公司已經登記到一個月以後的船期了。

「忍耐一點吧。日本人已經投降了，還怕回不了家？」謝志高安慰她。

他們離開這個地攤，走了沒有多遠，碰見許亞琳也在逛地攤，她肩上掛着一個黑色小皮包，，一看見廖聲濤和黃翰文就碎步跑過來笑盈盈地問：

「你們什麽時候還都？」

「不知道，」廖聲濤搖搖頭：「報紙上一下主張建都西安，一下主張建都北平，一下主張建都蘭州，我們還什麽都？」

「誰不知道還都南京？你弄什麽虛玄？」她白了他一眼。

「當着他們的面，妳何必唱三娘敎子？」廖聲濤嬉皮笑臉。

「你們到底什麽時候動身？」許亞琳望望黃翰文。

「說眞的，我們還沒有決定。妳呢？」廖聲濤搶着說。

「就在這一兩天。」

「妳是不是搶着去接收？」

「我手無寸鐵，接收什麽？」

「報紙呀，電臺呀……」

「你不要胡扯，」許亞琳笑着罵廖聲濤：「我是去參加新民報。」

廖聲濤把謝志高介紹給許亞琳認識，當許亞琳知道謝志高也在投稿並且死守過衡陽，馬上伸過手來和謝志高相握，隨後又請他消夜，要大家作陪，謝志高婉謝了。

「你們不去我去。」

廖聲濤把許亞琳一拉，拖着她就走，許亞琳回過頭來向黃翰文和謝志高嫣然一笑：

「南京見！我在下關接風。」

第六十九章　白日放歌未縱酒　青山作伴不還鄉

劍外忽傳收薊北
初聞涕淚滿衣裳
却看妻子愁何在
漫卷詩書喜欲狂
白日放歌須縱酒
青春作伴好還鄉

即從巴峽穿巫峽
便下襄陽向洛陽
————杜甫

還鄉，還鄉！從各省各地逃到重慶的難民，都急着還鄉！

還都，還都！中央機關都忙着還都！

少數有辦法的難民，從水路，從天空先走了。

黃翰文他們這個單位決定先走，一部份人押運檔案從水路走，一部份人坐飛機走。黃翰文和謝志高乘飛機，廖聲濤和許揚濟坐船。

一切準備停當，大家都非常輕鬆，用不着再上班，只是待命出發了。

當別人都感到輕鬆愉快時，黃翰文的心情反而有點沉重，起初大家都還莫名其妙，直到他說要到鄉下去看看莊靜的墳墓時他們纔恍然大悟。

這次每人都發了還都費，黃翰文也領到一筆錢。

當他到達林家飯舖時，老闆娘喜出望外，熱烈歡迎，她拍着手說：

「喲！老天爺，我還以爲你回下江去了，想不道你會來？」

「林老板不在家？」黃翰文問。

「嗨！鬼子一投降，他就忙得像風車，馬不停蹄，不曉得他搞啥子名堂？」

黃翰文聽了好笑，的確，他看見很多人從前垂頭喪氣，怨天尤人，認爲中國非亡不可，等到日本人一投降，他們就神氣起來了，走路也眼睛望着天，一副大爺派頭，不知到林文炳是不是那樣子？

「我們受够了日本人的欺，現在日本人倒下去了，難怪他高興。」

「鬼子又沒打進川來，他在鎭上過他的太平日子，吃黑飯，擺龍門陣，就是國家强了，他還不是一隻瘦鴨子？有什麼好神氣的？」老闆娘扯起圍裙擦擦鼻子上的鍋煙。

老闆娘的精神特別好，和黃翰文嘮嘮叨叨。黃翰文沒有時間和她閑扯下去，提起錢紙，準備上坟。

「你多歇一會嘛，燒紙也不着急。」

「我想趕回重慶去。」

「天大的事也要吃過午飯再走，以後天南地北，就是打着八人轎子也請你不來！」

「我先上坟去看看，馬上來。」黃翰文邊走邊說。

「也好，我這就給你預備午飯，你早點下來。」老闆娘連忙下厨，洗菜弄飯。

荘靜坟上的草很深，周圍荒草沒脛，現在正是秋天，草葉正在枯黃。

黃翰文小心地拔掉碑前的野草，他發現碑石上又添了青苔，用力去抹也抹不掉，用錢紙去擦也是白費氣力，他覺得自然的力量實在不可思議。如花似玉的莊靜，現在只剩一堆黃土，一堆白骨。假如莊靜沒有死，他們一道回家，自己的父母該會是怎樣的喜悅？他看看手上的瓷像戒指，莊靜是那麼嫻靜優美，那對深情的大眼睛，那種特有的古典的高貴的氣質，他的眼睛不禁微微一紅，這是他的第一次戀愛，竟是這麼傷心的結局！

他擦燃火柴，紙錢馬上熊熊地燃燒起來。

天上飄着微雲。竹林裡蕩着微風，紙錢化作灰色的蝴蝶，翩翩起舞。

他不時用竹枝撥動未燃的紙錢，他一撥動紙灰就飛揚起來，直到全部紙錢化為灰燼，他纔停手。

他想把莊靜墓地的草除掉，打掃乾淨，這是最後一次機會，以後不可能再來了！

但是這些草非常頑強，不容易拔掉，那鋸齒般的葉子更會割手，他拔了幾把，手上割了幾條創口，他只好回到飯舖去借鐮刀。

林老闆不事生產，鐮刀也上了銹，鈍得很，他費了幾十分鐘的時間，纔把草割光。

莊靜的坟收拾得乾乾淨淨，他站在坟前心裡感到一絲安慰。

飯舖老闆林文炳來了，他穿着藏青色的長夾袍，下擺飄飄，脚上套着新麻草鞋，鞋尖上一對紅絨球，十分顯目。他彷彿過足了煙癮，十分精神。他雙手一抱，笑着對黃翰文說：

「嗨！黃先生，你哥子眞是難得，還到這裡來看墳。」

「林老板，以後我有心無力，沒有機會來照顧她了。」

「你哥子放心，」林文炳拍拍胸脯：「兄弟會替你效勞。」

「謝謝你，林老板。」

「天可憐見！說不定她老子娘正踮着脚尖望她回家呢？」

黃翰文一陣心酸，不禁落淚。

林文炳把黃翰文拉回飯舖。

回到飯舖，老闆娘馬上端來一盆水給黃翰文洗臉。當她聽見丈夫說黃翰文把莊靜的墳打掃得乾乾淨淨，也隨着讚嘆了幾句。

「林老板，如果你今天不回來，也許以後我們就碰不到了。」黃翰文說。

「你哥子那天還都？」

「就在這一兩天走。」

「水路還是旱路？」

「飛機。」

「嘖，你哥子好運，」林文炳兩手一拍：「我長了這麼大，還沒有開過洋葷。如果格老子也是軍人，眞想去趟東京。」

「你去東京幹什麼？」黃翰文問。

林文炳瞟了太太一眼，她正走進厨房，他向黃翰文一笑，輕輕地說：

「聽說東京是個花花世界，矮人國無奇不有，日本姑娘溫柔體貼……」

老闆娘端着飯菜出來，打斷了林文炳的話，林文炳看看多了幾樣菜，高興地拉着黃翰文入座。

吃飯時黃翰文又鄭重地拜托他們夫婦照顧莊靜的坟墓，他們兩人滿口答應。

臨走時黃翰文拿出一半還都費，交給他們，請他們逢時過節買點錢紙在莊靜的坟前焚化，打掃打掃。起先他們不肯接受，但黃翰文情詞懇切，他們不便拒絕，林文炳爲了表示義氣，送了黃翰文一大段路。

黃翰文回到重慶，已是華燈初上時分，街上的人特別擁擠。

地攤更多，價錢越來越低，很多人都舉起衣服叫賣，急於脫手。

他在街上碰見廖聲濤他們，他們告訴他一個新的消息，說是明天就走，公文檔案已經上船，廖聲濤和許挹清晚上住在船上。他聽了十分興奮，他是坐飛機，特別提議到江邊看看。

江邊大大小小的木船，一字排開，像條長蛇陣，都掛着打差的旗子，船頭上坐滿了男男女女，有些小木船雖然不够資格打差，也被急於出川回家的下江人包了，全家老小都坐在船上，甚至兩三家人擠在一塊。船上充滿了歡笑，七八年的愁苦完全拋到九霄雲外。

有些人坐在船頭上把盞獨酌，豆腐乾、花生米，吃得悠然自得。還有人拿着胡琴，坐在船頭上自拉自唱，滿弓滿調。黃翰文忽然想起杜工部那首名詩，順口輕吟起來：

劍外忽傳收薊北
初聞涕淚滿衣裳
却看妻子愁何在
漫卷詩書喜欲狂
白日放歌須縱酒
青春作伴好還鄉
即從巴峽穿巫峽
便下襄陽向洛陽

「別弄錯了，我們是還都南京，不是還都洛陽。」廖聲濤聽到最後一句笑着插嘴。

（全書完）

墨人博士著作書目（校正版）

書目	類別	出版者	出版時間
一、自由的火焰 } 與《山之禮讚》合併易名《墨人新詩集》	詩集	自印（左營）	民國三十九年（一九五〇）
二、哀祖國	詩集	大江出版社（臺北）	民國四十一年（一九五二）
三、最後的選擇	短篇小說	百成書店（高雄）	民國四十二年（一九五三）
四、閃爍的星辰	長篇小說	大業書店（高雄）	民國四十二年（一九五三）
五、黑森林	長篇小說	香港亞洲社	民國四十四年（一九五五）
六、魔障	長篇小說	暢流半月刊（臺北）	民國四十七年（一九五八）
七、孤鳥長虹（全集中易名為富國島）	長篇小說	文壇社（臺北）	民國四十八年（一九五九）
八、古樹春藤	中篇小說	九龍東方社	民國五十一年（一九六二）
九、花嫁	短篇小說	九龍東方社	民國五十三年（一九六四）
一〇、水仙花	短篇小說	長城出版社（高雄）	民國五十三年（一九六四）
一一、白夢蘭	短篇小說	長城出版社（高雄）	民國五十三年（一九六四）
一二、颱風之夜	短篇小說	長城出版社（高雄）	民國五十三年（一九六四）

一三、白雪青山	長篇小說	長城出版社（高雄）	民國五十四年（一九六五）
一四、春梅小史	長篇小說	長城出版社（高雄）	民國五十四年（一九六五）
一五、洛陽花似錦	長篇小說	長城出版社（高雄）	民國五十四年（一九六五）
一六、東風無力百花殘	長篇小說	長城出版社（高雄）	民國五十四年（一九六五）
一七、合家歡	長篇小說	臺灣省新聞處（臺中）	民國五十四年（一九六五）
一八、紅樓夢的寫作技巧	文學理論	臺灣商務印書館（臺北）	民國五十五年（一九六六）
一九、塞外	短篇小說	臺灣商務印書館（臺北）	民國五十五年（一九六六）
二〇、碎心記	長篇小說	小說創作社（臺北）	民國五十六年（一九六七）
二一、蠶姑	長篇小說	小說創作社（臺北）	民國五十七年（一九六八）
二二、鱗爪集	散　文	水牛出版社（臺北）	民國五十七年（一九六八）
二三、青雲路	短篇小說	臺灣商務印書館（臺北）	民國五十八年（一九六九）
二四、變性記	短篇小說	臺灣商務印書館（臺北）	民國五十八年（一九六九）
二五、龍鳳傳	長篇小說	幼獅書店（臺北）	民國五十九年（一九七〇）
二六、火樹銀花	長篇小說	立志出版社（臺北）	民國五十九年（一九七〇）
二七、浮生集	散　文	聞道出版社（臺南）	民國六十一年（一九七二）
二八、墨人詩選	詩　集	臺灣中華書局（臺北）	民國六十一年（一九七二）
二九、鳳凰谷	長篇小說	臺灣中華書局（臺北）	民國六十一年（一九七二）

三〇、墨人短篇小說選	短篇小說	臺灣中華書局（臺北）	民國六十一年（一九七二）
三一、斷腸人	短篇小說	臺灣學生書局（臺北）	民國六十一年（一九七二）
三二、詩人革命家胡漢民傳	傳記小說	近代中國社（臺北）	民國六十七年（一九七八）
三三、心猿	長篇小說	學人文化公司（臺北）	民國六十八年（一九七九）
三四、山之禮讚	詩　集	秋水詩刊（臺北）	民國六十九年（一九八〇）
三五、心在山林	散　文	中華日報社（臺北）	民國六十九年（一九八〇）
三六、墨人散文集	散　文	學人文化公司（臺中）	民國六十九年（一九八〇）
三七、山中人語	散　文	臺灣商務印書館（臺北）	民國七十二年（一九八三）
三八、花市	散　文	江山出版社（臺北）	民國七十四年（一九八五）
三九、三更燈火五更雞	散　文	江山出版社（臺北）	民國七十四年（一九八五）
四〇、墨人絕律詩集	詩　集	臺灣商務印書館（臺北）	民國七十六年（一九八七）
四一、全唐詩尋幽探微	文學理論	臺灣商務印書館（臺北）	民國七十六年（一九八七）
四二、第二春	短篇小說	采風出版社（臺北）	民國七十七年（一九八八）
四三、全唐宋詞尋幽探微	文學理論	臺灣商務印書館（臺北）	民國七十八年（一九八九）
四四、小園昨夜又東風	散　文	黎明文化公司（臺北）	民國八　十年（一九九一）
四五、紅塵（上、中、下三卷）	長篇小說	臺灣新生報社（臺北）	民國八　十年（一九九一）
四六、大陸文學之旅	散　文	文史哲出版社（臺北）	民國八十一年（一九九二）

四七、紅塵續集　長篇小說　臺灣新生報社（臺北）　民國八十二年（一九九三）

四八、墨人半世紀詩選　詩選　文史哲出版社（臺北）　民國八十四年（一九九五）

四九、張本紅樓夢（上下兩巨冊）　修訂批註　湖南出版社（長沙）　民國八十五年（一九九六）

五〇、紅塵心語　散文　圓明出版社（臺北）　民國八十五年（一九九六）

五一、年年作客伴寒窗　散文　中天出版社（臺北）　民國八十六年（一九九七）

五二、全宋詩尋幽探微　文學理論　文史哲出版社（臺北）　民國八十九年（二〇〇〇）

五三、墨人詩詞詩話　詩詞・理論　詩藝文出版社（臺北）　民國八十九年（二〇〇〇）

五四、娑婆世界（定本）　長篇小說　昭明出版社（臺北）　民國八十八年（一九九九）

五五、白雪青山（定本）　長篇小說　昭明出版社（臺北）　民國八十九年（二〇〇〇）

五六、滾滾長江（定本）　長篇小說　昭明出版社（臺北）　民國八十九年（二〇〇〇）

五七、春梅小史（定本）　長篇小說　昭明出版社（臺北）　民國八十九年（二〇〇〇）

五八、紫燕（定本）　長篇小說　昭明出版社（臺北）　民國九十年（二〇〇一）

五九、紅樓夢的寫作技巧（定本）　文學理論　昭明出版社（臺北）　民國九十年（二〇〇一）

六〇、紅塵六卷（定本）　長篇小說　昭明出版社（臺北）　民國九十年（二〇〇一）

六一、紅塵法文本　巴黎友豐（you fong）書局出版　二〇〇四年初版

附註：

▲北京中國文聯出版社二〇〇三年出版　大陸教授羅龍炎・王雅清合著《紅塵》論專書

▲臺北市昭明出版社出版墨人一系列代表作，長篇小說《娑婆世界》、一百九十多萬字的空前大長篇《紅塵》（中法文本共出五版）暨《白雪青山》（兩岸共出六版）、《滾滾長紅》、《春梅小史》、《紫燕》，短篇小說集、文學理論《紅樓夢的寫作技巧》（兩岸共出十四版）等書。臺灣中華書局出版的《墨人自選集》共五大冊，收入長篇小說《白雪青山》、《靈姑》、《鳳凰谷》、《江水悠悠》（爲《東風無力百花殘》易名）、《短篇小說‧詩選》合集。《哀祖國》及《合家歡》皆由高雄大業書店再版。臺北詩藝文出版社出版的《墨人詩詞詩話》創作理論兼備，爲「五四」以來詩人、作家所未有者。

▲臺灣商務印書館於民國七十三年七月出版先留英後留美哲學博士程石泉、宋瑞等數十人的評論專集《論墨人及其作品》上、下兩冊。

▲《白雪青山》於民國七十八年（一九八九）由臺北大地出版社第三版。

▲臺北中國詩歌藝術學會於一九九五年五月出版《十三家論文》論《墨人半世紀詩選》。

▲《紅塵》於民國七十九年（一九九〇）五月由大陸黃河文化出版社出版前五十四章（香港登記、深圳市印行）。大陸因未有書號未公開發行僅供墨人「大陸文學之旅」時與會作家座談時參考。

▲北京中國文聯出版公司於一九九二年十二月出版長篇小說《春梅小史》（易名《也無風雨也無晴》）；一九九三年四月出版《紅樓夢的寫作技巧》。

▲北京中國社會科學出版社於一九九四年出版散文集《浮生小趣》。

▲北京群眾出版社於一九九五年一月出版散文集《小園昨夜又東風》；一九九五年十月京華出版社出

版長篇小說《白雪青山》大陸版，第一版三千冊，一九九七年八月再版一萬冊。

▲長沙湖南出版社於一九九六年一月初出版墨人費時十多年精心修訂批註的《張本紅樓夢》、分上下兩大冊精裝一萬一千套。立即銷完、因未經墨人親校、難免疏失、墨人未同意再版。

Mo Jen's Works

1950 *The Flames of Freedom*（poems）《自由的火焰》

1952 *Lament for My Mother Country*（poems）《哀祖國》

1953 *Glittering Stars*（novel）《閃爍的星辰》

The Last Choice（short stories）《最後的選擇》

1955 *Black Forest*（novel）《黑森林》

The Hindrance（novel）《魔障》

The Rainbow and An Isolated Island（novel）《孤島長虹》（全集中易名爲富國島）

1963 *The spring Ivy and Old Tree*（novelette）《古樹春藤》

1964 *Narcissus*（novelette）《水仙花》

A Typhonic Night（novelette）《颱風之夜》

Ms.Pei Mong-lan（novelette）《白夢蘭》
The Joy of the Whole Family（novel）《合家歡》
Flower Marriage（novelette）《花嫁》
1965 *White Snow and Green Mountain*（novel）《白雪青山》
The Short Story of Miss Chung Mei（novel）《春梅小史》
The Powerless Spring Breeze and Faded Flowers（novel）《東風無力百花殘》(《江水悠悠》)
Flower Blossom in Loyang（novel）《洛陽花似錦》
1966 *The Writing Technique of the Dream of Red Chamber*（literature theory）《紅樓夢的寫作技巧》
Out of The Wild Frontier（novelette）《塞外》
1967 *A Heart-broken Story*（novel）《碎心記》
1968 *Miss Clever*（novel）《靈姑》
Trifle（prose）《鱗爪集》
1969 *The Road to Promotion*（novelette）《青雲路》
1970 *A Sex-change Story*（novelette）《變性記》
The Biography of the Dragon and the Phoenix（novel）《龍鳳傳》
1971 *A Brilliantly lighted Garden*（novel）《火樹銀花》
1972 *My Floating Life*（prose）《浮生記》

Selection of Mo Jen's Poems《墨人詩選》

A Heart-broken Woman（novelette）《斷腸人》

Phoenix Valley（novel）《鳳凰谷》

Mo Jen's Works（five volumes）《墨人自選集》

Selection of Mo Jen's short stores《墨人短篇小說選》

1978 *Hu Han-ming, the Poet and Revolutionist*（novel）《詩人革命家胡漢民》

1979 *The Mokey in the Heart*（i.e. The Purple Swallow renamed）《心猿》

1980 *The Hermit*（prose）《心在山林》

A Collection of Mo Jen's Prose（prose）《墨人散文集》

A Praise to Mountains（poems）《山之禮讚》

1983 *Mountaineer's Remarks*（prose）《山中人語》

1985 *My Candle Burns at Both Ends*（prose）《三更燈火五更雞》

Flower Market（prose）《花市》

1986 *A Mundane World*（novel, four volumes, over 1.9 million words）《紅塵》

1987 *Remarks on All Poems of the Tang Dynasty*（theory）《全唐詩尋幽探微》

1988 *Remarks On All Tsyr*（prose poem）*of the Tang and Sung Dynasties*（theory）《全唐宋詞尋幽探微》

1991 *The Breeze That Came From The East Last Night in My Little garden Again*（prose）《小園昨夜又東風》

1992 *Travel for Literature in Mainland China*（prose）《大陸文學之旅》

1995 *Selection of Mo Jen's Poems, 1992-1994*《墨人半世紀詩選》

1996 *I'll look upon the World*《紅塵心語》

Chang Edition of the Dream of Red Chamber《張本紅樓夢》（修訂批註）

1997 *Cherish thy guests and the Muses*《年年作伴寒窗》

1999 *Saha Shih Gai*《娑婆世界》

1999 *Remarks on All Poems of the sung Dynasties*《全宋詩尋幽探尋》

1999 *Mo Jen's Classical Poems and Prose Poems*《墨人詩詞詩話》

2004 *Poussiere Rouge*《紅塵》法文譯本

墨人博士創作年表（二〇〇五年增訂）

年度	年齡	發表出版作品及重要文學紀錄摘要
民國二十八年己卯（一九三九）	十九歲	在東南戰區《前線日報》發表〈臨川新貌〉。淪陷區著名的上海《大美晚報》隨即轉載。
民國二十九年庚辰（一九四〇）	二十歲	在《前線日報》發表〈希望〉、〈路〉等新詩作品。
民國三十年辛巳（一九四一）	二十一歲	在《前線日報》發表〈評夏伯陽〉書評等文。
民國三十一年壬午（一九四二）	二十二歲	在各大報發表〈苦難的行列〉、〈贛州禮讚〉（長詩）、〈老船夫〉、〈盲歌者〉、〈自己的輓歌〉、〈抹去那怯弱的眼淚吧〉、〈生命之歌〉、〈快割鳥〉、〈鷓鴣與雲雀〉等詩及散文多篇。
民國三十二年癸未（一九四三）	二十三歲	在各大報發表長詩〈鋤奸隊長〉、〈搜索連長〉、〈遙寄〉、〈寫在第七個七七〉、〈父親〉、〈受難的女神〉、〈城市的夜〉及〈火把〉、〈擊柝者〉、〈橋〉、〈古鐘〉、〈汽笛〉、〈山居〉、〈沙灘〉、〈夜行者〉、〈孤芳〉、〈蚊蟲〉、〈蒼蠅〉、〈園圃〉、〈陽光〉、〈深秋〉、〈贈某詩人兼寫自己〉、〈哀亡命詩人〉、〈自供〉、〈白屋詩抄〉、〈哀歌〉、〈生活〉、〈給偶像崇拜者〉、〈戰書〉、〈燈下獨白〉、〈夜歸〉、〈失眠之夜〉、〈悼〉、〈殘英〉、〈黃昏曲〉、〈補綴〉、〈復活的季節〉、〈擬戀歌〉、〈晨雀〉、〈春耕〉、〈天空的搏鬥〉等長短抒情詩。另發表散文及短篇小說多篇。

民國三十三年甲申（一九三九）	二十四歲	發表〈山城草〉五首及〈沒有褲子穿的女人〉、〈襤褸的孩子〉、〈駝鈴〉、〈無聲的哭泣〉、〈長夜草〉、〈春夜〉、〈擬某女演員〉、〈蛙聲〉、〈麥笛〉等詩及散文多篇。
民國三十四年乙酉（一九四五）	二十五歲	發表〈最後的勝利〉及〈煉獄裏的聲音〉、〈神女〉、〈鬥〉等長詩與散文多篇。
民國三十五年丙戌（一九四六）	二十六歲	發表〈夢〉、〈春天不在這裡〉等詩及散文多篇。
民國三十六年丁亥（一九四七）	二十七歲	發表〈冬天的歌〉、〈流浪者之歌〉、〈手杖、煙斗〉及長詩〈上海抒情〉等與散文多篇。
民國三十七年戊子（一九四八）	二十八歲	主編軍中雜誌、撰寫時論，均不署名。
民國三十八年己丑（一九四九）	二十九歲	七月渡海抵臺、發表〈呈獻〉、〈瀟妹〉、及長詩〈自由的火燄〉、〈人類的宣言〉等及散文多篇。
民國三十九年庚寅（一九五〇）	三十歲	發表〈站起來、捏死他！〉、〈滾出去、馬立克！〉、〈英國人〉、〈海洋頌〉等詩。出版《自由的火燄》詩集。
民國四十年辛卯（一九五一）	三十一歲	發表〈春晨獨步〉、〈炫與殉〉、〈悼三閭大夫屈原〉、〈詩聯隊〉、〈心靈之歌〉、〈子夜獨唱〉、〈真理、愛情〉、〈友情的花朵〉、〈啊、西風啊！〉、〈歲暮吟〉、〈師生〉、〈往事〉、〈天書〉、〈歷程〉、〈雨天〉、〈火車飛馳在海岸線上〉、〈帶路者〉、〈送第一艦隊出征〉等詩、及〈哀祖國〉長詩。
民國四十一年壬辰（一九五二）	三十二歲	發表〈未完成的想像〉、〈鄖上吟〉、〈窗下吟〉、〈白髮吟〉、〈秋夜輕吟〉、〈秋訊〉、〈渴念、追求〉、〈寂寞、孤獨〉、〈冬眠〉、〈我想把你忘記〉、〈想念〉、〈成人的悲歌〉、〈訴〉、〈詩人〉、〈詩〉、〈貝絲〉、「春天的懷念」五首、〈和風〉、〈夜雨〉、〈臺灣海峽的霧〉等及散文、短篇小說多篇。出版《哀祖國》詩集。

民國四十二年癸巳（一九五三）	三十三歲	發表〈寄台北詩人〉等詩及散文短篇小說多篇。高雄百成書店出版短篇小說集《最後的選擇》，收入〈菲玲〉、〈生死戀〉、〈梅蘭馨〉、〈敵人的故事〉、〈最後的選擇〉、〈蔣復成〉、〈姚醫生〉等七篇。大業書店出版長篇小說《閃爍的星晨》一、二兩冊。
民國四十三年甲午（一九五四）	三十四歲	發表〈霽萊〉、〈海鷗〉、〈鳳凰木〉、〈流螢〉、〈鵝鑾鼻〉、〈海邊的城〉、〈長夏小唱〉及散文、短篇小說多篇。
民國四十四年乙未（一九五五）	三十五歲	發表〈雲〉、〈F-86〉、〈顯GK〉等詩及散文、短篇小說多篇。香港亞洲出版社出版長篇小說《黑森林》，並獲中華文獎會國父誕辰長篇小說第二獎（第一獎從缺）。
民國四十五年丙申（一九五六）	三十六歲	發表〈四月〉等詩及散文、短篇小說多篇。
民國四十六年丁酉（一九五七）	三十七歲	發表〈月亮〉、〈九月之旅〉、〈雨和花〉等詩及長篇小說《魔障》。
民國四十七年戊戌（一九五八）	三十八歲	暢流半月刊雜誌社出版長篇連載小說《魔障》。
民國四十八年己亥（一九五九）	三十九歲	發表短篇小說、散文多篇。文壇雜誌社出版長篇小說《孤島長虹》（全集中易名為《富國島》）。
民國四十九年庚子（一九六〇）	四十歲	發表〈橫貫小唱〉等詩及散文、短篇小說多篇。
民國五十年辛丑（一九六一）	四十一歲	發表〈熱帶魚〉、〈豎琴〉、〈水仙〉等詩及短篇小說甚多。奧國維也納納富出版公司編選的《世界最佳小說選》選入短篇說〈馬騮〉，同時入選者有諾貝爾文學獎得主威廉福克納、拉革克菲斯特等世界各國名作家作品。

年代	年齡	事蹟
民國五十一年壬寅（一九六二）	四十二歲	發表〈青鳥〉、〈兩腳獸〉、〈晚會〉、〈祈禱〉等詩及短篇小說甚多。 奧國維也納納富出版公司又將短篇小說《小黃》（以江州司馬筆名撰寫者）選入《世界最佳小說選》，同時入選者有諾貝爾獎得主蕭洛霍夫、郭沫若及世界各國名作家作品。
民國五十二年癸卯（一九六三）	四十三歲	香港九龍東方文學出版社出版中篇小說《古樹春藤》。發表短篇小說、散文甚多。
民國五十三年甲辰（一九六四）	四十四歲	香港九龍東方文學社出版短篇小說集《花嫁》，收入〈教師爺〉、〈劉二爹〉、〈二媽〉、〈異鄉人〉、〈花嫁〉、〈扶桑花〉、〈南海屠鮫〉、〈高山曲〉、〈古寺心聲〉、〈誘惑〉、〈隱情〉、〈美珠〉、〈新苗〉、〈心聲淚影〉等十四篇。 高雄長城出版社出版中短篇小說集《水仙花》，收入〈水仙花〉、〈銀杏表嫂〉、〈圓房記〉、〈江湖兒女〉、〈天鵝〉、〈賭徒〉、〈搶親〉、〈黃龍〉、〈風雪歸人〉、〈花子老爹〉、〈靈豐寺的居士〉、〈人與樹〉、〈過客〉、〈阿婆〉、〈馬腳〉、〈小黃〉等十六篇。 高雄長城出版社出版中短篇小說集《白夢蘭》，收入〈情敵〉、〈空手〉、〈師生〉、〈斷夢〉、〈黃昏曲〉、〈白夢蘭〉、〈平安夜〉、〈凱塞琳、萊蒙托夫與我〉、〈陽春白雪〉、〈亂世佳人〉、〈傷心之旅〉、〈白衣清淚〉、〈護士與病人〉、〈如夢記〉、〈除夕〉等十五篇。　高雄長城出版社出版《中華日報》連載的二十五萬字長篇小說《白雪青山》。　發表短篇小說、散文甚多。
民國五十四年乙巳（一九六五）	四十五歲	高雄長城出版社出版連載長篇小說《洛陽花似錦》、《春梅小史》、《東風無力百花殘》三部。　發表短篇小說、散文甚多。 省政府新聞處出版長篇小說《合家歡》。
民國五十五年丙午（一九六六）	四十六歲	是年五月赴馬尼拉華僑文教講習會講授「紅樓夢的寫作技巧」及新詩課程一個月。 商務印書館出版文學理論專著《紅樓夢的寫作技巧》，全書共十五萬字。 商務印書館出版中短篇小說集《塞外》。收入〈塞外〉、〈騾子〉、〈百合花〉、〈天山風雲〉、〈白金龍〉、〈白狼〉、〈秋爾紫鵑〉、〈曹萬秋的衣缽〉、〈半路夫妻〉、〈百鳥聲喧〉、〈風竹與野馬〉、〈美人計〉、〈夜襲〉、〈花燭劫〉等十四篇。

民國五十六年丁未（一九六七）	四十七歲	發表短篇小說、散文甚多。小說創作社出版連載長篇小說《碎心記》。
民國五十七年戊申（一九六八）	四十八歲	小說創作社出版《中華日報》連載長篇小說《蠻姑》。水牛出版社出版散文集《鱗爪集》，收入〈家鄉的魚〉、〈家鄉的鳥〉、〈雪天的懷念〉、〈秋山紅葉〉、〈學問與創作之間〉等散文七十六篇、舊詩三首。
民國五十八年己酉（一九六九）	四十九歲	商務印書館出版中短篇小說集《青雲路》。收入〈世家子弟〉、〈青雲路〉、〈空棺記〉、〈久香〉等四篇。
民國五十九年庚戌（一九七〇）	五十歲	商務印書館出版中短篇小說集《變性記》。收入〈變性記〉、〈嬌客〉、〈歲寒圖〉、〈泥龍〉、〈祖孫父子〉、〈秋風落葉〉、〈老夫老妻〉、〈恩愛夫妻〉、〈布販與偷雞賊〉、〈芳鄰〉、〈沙漠王子〉、〈沙漠之狼〉、〈世界通先生〉、〈寶珠的秘密〉、〈奇緣〉等十五篇。幼獅文化事業公司出版長篇小說《龍鳳傳》。臺北立志出版社出版長篇《火樹銀花》出版全集時易名《同是天涯淪落人》。
民國六十年辛亥（一九七一）	五十一歲	立志出版社出版長篇小說《火樹銀花》。發表散文多篇及在高雄《新聞報》連載長篇小說《紫燕》。
民國六十一年壬子（一九七二）	五十二歲	闢道出版社出版散文集《浮生集》。收入〈文藝的危機〉、〈貝克特高風〉、〈五十年華〉等散文十三篇、舊詩六首。學生書局出版短篇小說散文合集《斷腸人》。收入短篇小說〈斷腸人〉、〈薇薇〉、〈相見歡〉、〈滄桑記〉、〈恩怨〉、〈夜宴〉等七篇及散文〈文學系與文學創作〉、〈大學國文教學我見〉、〈作家之死〉等十五篇。　中華書局出版《墨人自選集》五大冊。包括長篇小說《白雪青山》、《蠻姑》、《鳳凰谷》、《江水悠悠》（《東風無力百花殘》易名）及《短篇小說、詩選》（精選短篇小說二十八篇、抒情詩一〇六首）、共一百五十萬字。
民國六十二年癸丑（一九七三）	五十三歲	發表散文多篇。列入英國劍橋國際傳記中心（International Biographical Centre Cambridge England）出版的《國際詩人名錄》（*International Who's Who in Poetry, 1973*）。

民國六十三年甲寅（一九七四）	五十四歲	出席第二屆世界詩人大會。發表散文多篇。
民國六十四年乙卯（一九七五）	五十五歲	列入正中書局出版的《中華民國文藝史》（1975）。發表〈臺北的黃昏〉新詩一首及散文多篇。
民國六十五年丙辰（一九七六）	五十六歲	列入英國劍橋國際傳記中心出版的 *Men of Achievement. 1976* 發表〈歷史的會晤〉新詩及散文、短篇小說多篇。
民國六十六年丁巳（一九七七）	五十七歲	應 I.B.C 邀請於三月間赴義大利翡冷翠出席國際文藝交流大會（The 3rd I.B.C. International Congress on Arts and Communications）。會後環遊世界。發表〈羅馬之雲〉、〈羅馬之松〉、〈翡冷翠的女郎〉、〈翡冷翠之柳〉、〈塞納河〉等詩及〈羅馬掠影〉、〈翠城記〉、〈威尼斯之旅〉、〈藝術之都翡冷翠〉、〈西雅奈與比薩斜塔〉、〈美國行〉、〈江戶、皇宮、御苑〉、〈環球心影〉等遊記。在《中國時報》發表有關中國文化論文〈中國文化的三條根〉、在《新生報》發表〈文藝界的『洋』痼瘋〉等多篇。
民國六十七年戊午（一九七八）	五十八歲	近代中國社出版長篇傳記小說《詩人革命胡漢民傳》。列入英國劍橋國際傳記中心出版的《國際名人辭典》（*Dictionary of International Biography. 1978*）、《國際知識分子名錄》（*International Who's Who of Intellectual. 1978*、《國際人名剪影》 *International Register of Profiles*）、《國際社會名人錄》（*International Who's Who in Community Service*）、發表〈六月之荷〉詩一首。在各報發表〈中國文化的宇宙觀〉、〈中國文化的真面目〉、〈文化、社會形態與當代文學創作（為亞洲文學會議而作）〉、〈人與宇宙自然法則〉等。出席亞洲文學會議。 列入中華書局出版的《中華民國當代名人錄》（*Who's Who of R.O.C. 1978*） 列入行政院新聞局編印的一九七八年英文《中華民國年鑑名人錄》（*China Yearbook Who's Who*）。

民國六十八年己未（一九七九）	五十九歲	學人文化事業有限公司出版長篇小說《心猿》（《紫燕》易名）。發表短篇小說〈春〉、〈杏林之春〉、長詩〈哀吉米・卡特〉及〈山之禮讚〉五首。短篇〈客從故鄉來〉、〈人瑞〉。理論〈中國古典小說戲劇〉、〈抗戰文學的整理與再創作〉（《中央日報》）等多篇。
民國六十九年庚申（一九八〇）	六十歲	秋水詩刊社出版詩集《山之禮讚》，收集六十四年以後新詩四十四首及七言絕律詩十首。　中華日報社出版散文集《心在山林》，收集〈花甲雲中過〉、〈老當益壯〉、及抒情寫景散文數十篇。臺中學人文化事業出版有限公司出版《墨人散文集》收集〈文化、社會形態與當代文學創作〉、〈人與宇宙自然法則〉、〈中國文化的三條根〉、〈宇宙為心人為本〉、〈文藝界的『洋』瘋癲〉等理論性散文數十篇。在《中央日報・副刊》發表〈紅樓夢研究的正確方向〉、《中華日報・副刊》發表〈人生六十樹常青〉、《青年戰士報・新文藝副刊》發表〈山中人語〉專欄文章〈山水之間〉、〈生命長短價值觀〉、〈寶刀未老〉、〈七進七出鬼門關〉、〈報人甘苦〉、〈杏壇生涯〉等。接受《大華晚報》採訪組副主任程榕寧兩次訪問，一為談胡漢民生平，一為談《易經》、《道德經》、命學，並發表〈醫學命學與人生〉專文。
民國七十年辛酉（一九八一）	六十一歲	繼續撰寫《山中人語》專欄。應臺中市《自由日報》特約撰寫《浮生小記》專欄。應行政院新聞局邀請參觀本省農漁畜牧事業單位，並在《中央日報》發表〈人在福中〉散文。接受臺灣廣播公司《成功之路》節目訪問，於四月廿七日晚八時半播出。在高雄《新聞報》發表〈撥亂反正說紅樓〉（六月十七、十八日）論文。
民國七十一年壬戌（一九八二）	六十二歲	九月赴漢城出席第二屆中韓作家會議，並在東京參加中日作家會議，曾暢遊南韓、北海道、大阪至東京名勝地區，歸後撰寫〈韓國掠影〉、〈秋遊北海道〉，發表於《中央日報》。列入中華民國名人傳記中心出版的《中華民國現代名人錄》。

		列入英國劍橋國際傳記中心出版的《傑出男女傳記》（*Men and Women of Distinction*）並附照片。 列入美國 MarQuis 公司出版的《世界名人錄》（*Who's Who in the World*）第六版。 接受義大利藝術大學授予的文學功績證書。
民國七十二年癸亥（一九八三）	六十三歲	商務印書館出版散文集《山中人語》，收集散文七十篇。
民國七十三年甲子（一九八四）	六十四歲	商務印書館出版《論墨人及其作品》上、下兩冊，包括評論文章六十餘篇。 列入義大利 Accademia Itlia 出版英、法、德、義四種文字的《國際文學史》（*The History of International Literature*）及《百科全書：當代人物（*The Encyclopadeia: Contemporary Personalities*）。 端午節（六月四日）開筆撰寫已構思準備十餘年的一百餘萬字的大長篇小說《紅塵》，年底完成初稿四十餘萬字。 十月在韓國漢城舉行的第四屆中韓作家會議，事忙未能出席，但提出一萬餘字的論文（古典與現代）一篇。
民國七十四年乙丑（一九八五）	六十五歲	由江山出版社出版《三更燈火五更雞》、《花市》散文集等兩本，前者收入散文、理論二十四篇，後者收入散文遊記二十七篇。 八月一日退休，專心寫作《紅塵》，於十二月底完成九十二章，告一段落，共一百二十萬字，超出《紅樓夢》十餘萬字，內有絕律詩（聯）三十一首。
民國七十五年丙寅（一九八六）	六十六歲	年初開始研讀《全唐詩》，撰寫《全唐詩尋幽探微》，十一月完成，共十二萬餘字，一面在《新聞報・西子灣》發表，並連同歷年所作絕律詩三十七首，定名爲《墨人絕律詩集》，一併交與臺灣商務印書館簽約出版。 列入美國 A.B.I. 出版的 5000 Personalities of the World：英國 I.B.C. 出版的 *The Intemational Authors and Writers Who's Who.*

民國七十六年丁卯（一九八七）	六十七歲	訪問考察東南亞地區、國家馬來西亞、新加坡、泰國、菲律賓、香港十七天，並出席多次座談會。 商務印書館出版《全唐詩尋幽探微》（附《墨人絕律詩集》）。 《紅塵》長篇小說於三月五日開始在（臺灣新生報）連載。 七月四、五日出席在臺北市召開的抗戰文學研討會。 八月一日出席在高雄市召開的第七屆中韓作家會議。
民國七十七年戊辰（一九八八）	六十八歲	元月二日完成《全唐宋詞尋幽探微》（附《墨人詩餘》）全書十六萬字。設於美國深受世界尊重的「國際大學基金會」（The Margu is Giuseppe Scicluna 1855-1907 International University Foundation）（Founded 1973）授予榮譽文學博士學位。 臺灣商務印書館出版《全唐宋詞尋幽探微》。
民國七十八年己巳（一九八九）	六十九歲	臺北大地出版社三版長篇小說《白雪青山》。 世界大學（World University）授予榮譽文學博士學位。
民國七十九年庚午（一九九〇）	七十歲	五月應大陸黃河文化實業公司邀請，作四十天文學之旅，與北京、上海、杭州、九江、武漢、西安、蘭州等地作家座談中華文化、文學創作，坦誠交換意見，獲得一致共識，真摯友情與尊敬，廣州電視臺並全程錄影，製作專輯播出，六月底返臺後即撰寫《大陸文學之旅》專著。 艾因斯坦國際學院基金會（Albert Einstein 1879-1955 International Academy Foundation）授予榮譽人文學博士學位。 榮列英國劍橋國際傳記中心出版的IBC Book of Dedications.占全書篇幅五頁，刊登照片五張，介紹五十年創作生涯，十分翔實，篇幅之大，為全書冠，並禮聘為IBC副總裁。
民國八十年辛未（一九九一）	七十一歲	二月底新生報出版《紅塵》，二十五開本，上、中、下三鉅冊。黎明文化事業公司出版《小園昨夜又東風》散文集。 應香港廣大學院禮聘為中國文學研究所客座指導教授。 《紅塵》榮獲新聞局著作金鼎獎及嘉新優良著作獎。

民國八十一年壬申（一九九二）	七十二歲	文史哲出版社出版《大陸文學之旅》。 應聘香港廣大學院中研所客座指導教授。 一月五日開筆寫《紅塵續集》，自九十三章起至一百二十章止，共四十萬字，六月十日完稿，《紅塵》全書共一百九十萬字。續集自十二月一日開始在《臺灣新生報・副刊》連載近年，雙破長篇鉅著及連載紀錄。中國廣播公司《中廣小說選播》節目，亦於十二月一日十四時三十分，在AM657千赫第一廣播網開始播出長篇鉅著《紅塵》上、中、下三冊，由戴愛華小姐導播，集該公司播音精英，通力合作，龍老夫人一角由播音元老白銀飾演，其餘人物均為一時之選，效果奇佳，前所未有。　北京「中國文聯出版公司」出版《也無風雨也無晴》。 墨人故鄉九江《師專學報》，於本年起開闢《墨人研究》專欄，與《陶淵明研究》、《黃山谷研究》，並稱三大專欄，甚受教育、學術界重視。
民國八十二年癸酉（一九九三）	七十三歲	十月下旬，偕《秋水》詩刊同仁涂靜怡、雪柔、麥穗、汪洋萍、風信子、林蔚穎等為慶祝《秋水》創刊二十周年，訪問哈爾濱、北京、西安三大都市，與當地詩人座談交流，水乳交融，兩岸詩人因而建立深厚友誼。十二月初，隻身訪問昆明、探親，昆明作協主席曉雪、八十多歲老作家李喬、小說家張昆華、《春城晚報》副總編輯熊廷武、副刊主編原因、理論家教授余斌、作家湯世傑、李錦華等集會歡迎，其中多為白族、彝族等少數民族作家，乃以雲南少數民族文化資源努力創作相勉，深獲共鳴。資深作家彭荆風，晚間並來下榻處暢談。 繼續應聘香港廣大學院中研所客座指導教授三年。 十二月新生報社出版《紅塵續集》，全書共四大冊，其實前後一貫，為一整體，該報為方便，乃以《續集》名之。一生心願心血得以完成，在輕、薄、短、小及商品文學獨占市場情況下，亦一大異數。北京「中國文聯出版公司」出版《紅樓夢的寫作技巧》。

民國八十三年甲戌（一九九四）	七十四歲	一月開始研讀自北京購回的《全宋詩》、擬續寫《全宋詩尋幽探微》。 四月十一日接受臺北復興廣播電臺《名人專訪》節目主持人裴雯小姐訪問；談一生寫作歷程及大長篇《紅塵》寫作經過。 臺北《世界論壇報》副社長兼副刊主編詩人評論家周伯乃先生、特自五月二十一日起一連三天出版特刊，慶祝七十晉五誕辰暨創作五十五周年，除刊出〈小傳〉、〈七五人生一首詩〉、〈中國新詩與傳統詩詞的整合〉、〈叩開生命之門〉三篇新作外，並刊出蒙古族女詩人作家薩仁圖婭的〈墨人：屈原風骨中華魂〉，及馬來西亞霹靂州立女子中學校長、詩詞家、散文作家彭士麟女士論《紅塵》與大陸作家作品比較的書信、墨人著作校長、詩詞家、散文作家彭士麟女士論《紅塵》與大陸作家作品比較的書信、墨人著作目錄、美國兩個榮譽文學博士、一個人文學博士照片三張、《紅塵》獲獎照片一張、及周伯乃〈無限的祝禱〉文等。 八月七日，中國時報系的《工商日報・讀書版・大書坊》刊出蓓齡的《紅塵》墨人專訪文章、並配合攝影記者何日昌拍攝的墨人及《紅塵》四冊照片。 大陸廣州暨南大學中文系教授兼臺港暨海外華文文學研究中心主任、評論家潘亞暾、費時月餘撰寫《紅塵續集》論文達一萬餘字的〈偉大史詩的歸結〉、於九月二十一至二十五日在臺北市《世界論壇報・副刊》全文刊出，見解不凡、對《續集》的成功更使他大吃一驚、因此、更肯定《紅塵》的史詩價值、地位。 八月二十八日第十五屆世界詩人大會在臺北召開，僅提出〈中國新詩與傳統詩詞的整合〉論文一篇、並未出席、論文則由《中國詩刊》主編曾美霞女士代讀。
民國八十四年乙亥（一九九五）	七十五歲	一月、臺北文史哲出版社出版《墨人半世紀詩選》（一九四二──一九九四）。 一月十日應臺北廣播電臺《藝文夜話》主持人宋英小姐訪問、許導播秀玲決定十日開播《紅塵》全書四冊，每日廣播兩次。 中國詩歌藝術學會主辦、中國文藝協會協辦、於五月二十二日在臺北市中國文藝協會舉行《墨人世半紀詩選》學術研討會，與會詩人、評論家六十餘人，討論情況熱烈，並印發海峽兩岸評論家王常新、古繼堂、古遠清、李春生、楊允達、周伯乃等十三家論文專集。各家均推崇、肯定新舊詩兩方面的成就與半個多世紀的貢獻。

		英國劍橋國際傳記中心頒贈二十世紀文學傑出成就獎。榮列一九九五年英國劍橋國際傳記中心出版的 The Definitive Book of the Deputy Directors General of the IBC，佔全書篇幅五頁，刊登照片五張，爲全書之冠。
民國八十五年丙子（一九九六）	七十六歲	臺北圓明出版社出版涵蓋儒、釋、道三家思想的散文集《紅塵心語》。卷首有珍貴的文學照片十餘張。 臺北中國詩歌藝術學會出版《十三家論文》論《墨人半世紀詩選》。
民國八十六年丁丑（一九九七）	七十七歲	臺北中天出版社出版與《紅塵心語》爲姊妹集的散文集《年年作客伴寒窗》，各篇亦均以五、七言詩作題，內中作者詩詞亦多，並附錄珍貴文學資料訪問記、特寫、著作目錄等十餘篇。出任「乾坤」詩刊顧問，並主編該刊古典詩詞。完成《墨人詩詞詩話》、《全宋詩尋幽探微》兩書全文。
民國八十七年戊寅（一九九八）	七十八歲	構思六年的以佛學精義結合修行心得化爲文學創作的長篇小說《娑婆世界》，於三月二十八日開筆，十二月脫稿。共三十八章，五十多萬字。 英國劍橋國際傳記中心（IBC）出版《二十世紀傑出人物》以照片配合文字將墨人傳記刊卷首重要位置，並頒發獎狀。大陸中國國際經濟文化交流促進會、燕京國際文化藝術研究會等七大單位編纂出版的《世界華人文學藝術界名人錄》，中國國際交流出版社出版的《世界名人錄》，均爲十六開巨型中文本。
民國八十八年己卯（一九九九）	七十九歲	本年爲來臺五十周年、創作六十周年、中國習俗八十歲、昭明出版社出版長篇小說《娑婆世界》。 美國傳記學會（ABI）出版二十世紀《五百位有影響力的領袖》，以照片配合文字將墨人傳記刊於卷首重要位置並頒發獎狀。照片及詩詞五首編入中國《當代吟壇》巨著。　美國「世界智庫」與艾因斯坦國際學會基金會」聯合頒贈墨人傑出成就榮譽獎，以紀念千禧年，並榮列中國出版的《中華精英大全》。 美國傳記學會頒贈墨人「二十世紀成就獎」。

民國八十九年庚辰（二〇〇〇）	八十歲	臺北昭明出版社陸續出版定本長篇小說《白雲青山》、《滾滾長江》、《春梅小史》；文學理論《紅樓夢的寫作技巧》、連同民國八十八年出版的長篇小說《娑婆世界》、並列為墨人一系列代表作品，以慶祝墨人八十整壽。 臺北詩藝文出版社出版《墨人詩詞詩話》。 臺北文史哲出版社出版《全宋詩尋幽探微》。
民國九十年辛巳（二〇〇一）	八十一歲	臺北昭明出版社出版長篇小說定本《紅塵》全書六冊及長篇小說《紫燕》定本。
民國九十一年壬午（二〇〇二）	八十二歲	五月三日偕長子還翰赴上海訪友小住。 英國劍橋國際傳記中心授予「終身成就獎」。
民國九十二年癸未（二〇〇三）	八十三歲	八月底偕夫人及在臺子女四人經上海轉往故鄉九江市掃墓探親並遊廬山。
民國九十三年甲申（二〇〇四）	八十四歲	準備出版全集（經臺北榮民總醫院檢查無任何疾病。）巴黎 you-Feng 書局出版豪華典雅法文本《紅塵》。
民國九十四年乙酉（二〇〇五）	八十五歲	此後五年不遠行，以防交通意外，準備資料。計劃百歲前開筆撰寫新長篇小說。 北京「中央出版社」出版《強國丰碑》，以著名文學家張萬熙為題刊出墨人傳略，為臺灣及海外華人作家唯一入選者。並先後接到北京電話、書函邀請寄送資料編入《一代名家》、《中華文化藝術名家名作世界傳播錄》。
民國九十五年丙戌（二〇〇六）至民國一百年（二〇一一）——	八十六歲至九十二歲——	重讀重校全集，已與臺北市文史哲出版社簽訂出版《墨人博士作品全集》合約， 民國一百年年內可以出版。此為「五四」以來中國大陸與臺灣所未有者。